旅行社实践教育基地建设探索

——广州大学与广之旅国际旅行社实践教育基地案例

吴水田　陈平平　李佳莎　等　著

重庆大学出版社

内容提要

实践教育基地建设是旅游管理专业培养应用型人才的重要环节。本书是广州大学与广州广之旅国际旅行社股份有限公司多年合作开展实践教育基地建设的总结,包括共同开展实践教学、广东省大学生实践教育基地建设、专业技能比赛、合作举办模拟企业(大学城广之旅实验旅行社)等内容,提出并实践了以校企共赢发展为动力、以创新实践教学模式为途径、围绕"旅游职业经理人"人才培养的目标,打造了一个集实践教学、研究、服务社会与培养创新人才为一体的综合性基地。本书可作为本科院校旅游管理类和相关专业开展实践教学的参考书。

图书在版编目(CIP)数据

旅行社实践教育基地建设探索 : 广州大学与广之旅
国际旅行社实践教育基地案例/吴水田等著. -- 重庆 : 重庆
大学出版社,2020.9
ISBN 978-7-5689-2220-3

Ⅰ.①旅… Ⅱ.①吴… Ⅲ.①旅行社—企业管理—实
习—高等学校—教材 Ⅳ.①F590.654-45

中国版本图书馆 CIP 数据核字(2020)第 151904 号

旅行社实践教育基地建设探索
——广州大学与广之旅国际旅行社实践教育基地案例
Lüxingshe Shijian Jiaoyu Jidi Jianshe Tansuo
——Guangzhou Daxue yu Guangzhilü Guoji Lüxingshe Shijian Jiaoyu Jidi Anli

吴水田 陈平平 李佳莎 等 著
策划编辑:尚东亮

责任编辑:尚东亮 曾 艳 版式设计:尚东亮
责任校对:谢 芳 责任印制:张 策

*

重庆大学出版社出版发行
出版人:饶帮华
社址:重庆市沙坪坝区大学城西路 21 号
邮编:401331
电话:(023) 88617190 88617185(中小学)
传真:(023) 88617186 88617166
网址:http://www.cqup.com.cn
邮箱:fxk@ cqup.com.cn(营销中心)
全国新华书店经销
重庆升光电力印务有限公司印刷

*

开本:720mm×1020mm 1/16 印张:9.75 字数:135 千
2020 年 9 月第 1 版 2020 年 9 月第 1 次印刷
ISBN 978-7-5689-2220-3 定价:45.00 元

编委会

　　本书为广州高校第十批教育教学改革研究项目"研究锻炼、能力培养、地方服务"三位一体课程体系的构建与实施(编号:2019JG229)及广州大学旅游管理国家一流本科专业建设点(教高厅函〔2019〕46号)阶段成果。

前 言

实践教学是旅游管理专业人才培养的重要环节,而实践教育基地建设则是实施实践教学的重要内容和保障。广州大学从 1985 年开展旅游教育开始,就一直重视实践教学和实践教育基地建设。2002 年,广州大学与法国昂热大学共同成立了中法旅游学院,与广州大学旅游学院(以下简称"旅游学院")合署办公,在共同实施"旅游职业经理人"培养目标过程中,逐步形成了具有自身特色的实践教学模式。旅游学院(中法旅游学院)的实践教学包括实习实践、课内实践、实验教学、创新实践、课外活动等多种形式,教学实习是实践教学的主体,主要包括大学一年级的认识实习、三年级的服务实习和专业实习、四年级的毕业实习等环节。在开展实习实践过程中,旅游学院建设了一批具有人才培养和社会服务等多种功能的实践教育基地,涵盖了酒店、景区、会展、旅行社等不同行业,广之旅国际旅行社实践教育基地就是其中的典型代表。

从 2000 年开始,广州大学与广之旅国际旅行社开展实习基地建设,2006 年共同成立了国内第一家学生自主经营和管理的模拟企业——大学城广之旅实验旅行社(以下简称"实验旅行社"),2010 年"广之旅国际旅行社"获批广州市示范性实践教学基地,2012 年获批广东省大学生实践教育基地建设项目,并在2016 年通过广东省教育厅组织的验收。建设过程中,旅游学院以促进校企共赢发展为动力,以创新实践教学模式为途径,围绕"旅游职业经理人"的人才培养目标,打造了一个集实践教学、研究、服务社会与培养创新人才为一体的具有示范性作用的综合性实践教育基地,在国内产生了比较大的影响力。纵观广之旅国际旅行社实践教育基地的建设过程,我们主要开展了以下工作:一是通过双方的投入,加强了硬件建设,改善和提升了实践教学环境,为实践教学奠定了扎实的基础;二是建立了比较完善的实践教学制度,为基地发展保驾护航;三是建设了一支由企业和学校师资力量组成的具有较高水平的实践教学指导队伍,为人才培养提供了有力支持;四是大胆开展实践教学模式创新,开展了旅游知识创新与全方位合作。为了更好总结上述经验,与国内同行开展交流,我们组织编写了本书。

本书由吴水田总体策划和定稿,编写分工如下:陈平平负责第 1 章内容的编写,吴水田负责第 2 章、第 3 章第一节、第 5 章内容的编写,马洁负责第 3 章第二节内容的编写,吴水田及实验旅行社经理层代表姜永彬、江炘殷、叶瑞燕、欧杏娴、张美红等负责第四章内容的编写和修改,李佳莎、吴水田、卢遥、刘燕舞、何向、李庄容等参加了第 4 章内容的实践指导工作,附件案例素材由实验旅行社提供。本书在编写过程中得到了广州广之旅国际旅行社股份有限公司、重庆大学出版社的大力支持,由于水平有限,本书中有表达还不够严谨之处,请各位同行和读者批评指正。

吴水田

2020 年 9 月 5 日于广州大学城

目　录

第1章　旅游管理专业实践教育基地概述

1.1　旅游管理专业实践教育基地建设现状

1.1.1　旅游管理专业实践教育基地建设的必要性

1）旅游业发展的需要

加快发展旅游业,是满足人民群众不断增长的消费升级和产业结构调整的必然要求,对扩大就业、促进经济平稳增长和提高人民生活质量具有重要作用。联合国世界旅游组织统计,2016 年中国旅游业对国民经济综合贡献达 11%,对社会就业综合贡献超过 10.26%[①]。2018 年,我国国内旅游人数 55.39 亿人次,比上年同期增长 10.8%;入境旅游人数 14 120 万人次,比上年同期增长 1.2%;出境旅游人数 14 972 万人次,比上年同期增长 14.7%,继续保持世界第一大出境旅游客源国和第四大入境旅游接待国地位,全年实现旅游总收入 5.97 万亿

---

① 　新华社.2016 年我国旅游总收入预计达 4.69 万亿元[EB/OL].(2017-01-13)〔2019-12-17〕.

元,同比增长 10.5%,与世界平均水平持平①。

旅游业的发展增加了对旅游管理专业人才的需求。作为人才供给方的高校,能否为市场培养出合格的旅游管理专业人才,直接影响到我国在新时期大力发展旅游业的质量和层级。近 20 年来,广东旅游业一直保持国内领先水平,对旅游人才的需求量也日渐增加,根据笔者对中国大酒店、广之旅等旅游企业的了解,具备初步管理素质的大学毕业生,往往成为旅游企业招聘的重点。因此,通过实践基地建设,增加校企协同育人的深度,提高人才培养的质量,是市场对旅游人才的要求。

2)增进企业参与人才培养深度的需要

实践基地建设是实现旅游管理专业人才培养目标的课外教学保障。旅游管理专业具有明确的行业指向性和强烈的技能应用性,培养具有熟练的专业操作技能、高尚的职业道德观念、强烈的团队协作精神、灵活的沟通协调能力和显著的从业创新意识的技术性、应用型的服务与管理人才。强调厚基础、强能力、广适应的素质教育是旅游管理专业发展的需求与方向,因此要十分注重专业教学的实践环节②。

实践教学是学校和企业联系的纽带,人才培养是实践教学的关键,企业实践基地是培养学生创新精神和实践能力的重要场所,通过基地建设可以实现校企双方的全方位合作。通过基地建设,一是实践教学可以贯穿本科四年学习全过程,每一年根据学习的层次和知识要求安排不同形式的实践教学,四年的实践教学阶段可以呈渐进式递进关系;二是通过基地建设引进企业参与人才培养方案制订、实施、检验的全过程,最终促进人才培养目标的实现。因此,高校应当大力推动旅游管理专业实践基地的建设。

---

① 财务司.中华人民共和国文化和旅游部 2018 年文化和旅游发展统计公报[EB/OL].(2019-05-30)〔2019-12-17〕.
② 周义龙.旅游类专业实践教学基地建设的思路与举措[J].牡丹江大学学报,2016,25(2):179-181.

1.1.2　实践教育基地的类型

实践教育基地(本书也称为实习基地、实践基地,下同)建设是旅游院校人才培养和学科发展的需要。实习基地担负着学生日常教学实习和仿真训练的任务,是培养旅游人才的必要实践场所。旅游专业因其实操性强、灵活性大的特点,故特别强调学习实践能力、技术运用的培养。实习基地按建设的地点分类,可分为两种类型,即校内实践基地和校外实践基地。校内实践基地指在校园内创建,与生产、管理、服务第一线相一致的真实或仿真的职业环境,为提高学生的实践能力和适应能力而建立的各类实训基地,如在校内设立并经营的各种餐厅、咖啡厅、旅行社营业部、宾馆管理实训中心等。校内实践基地通过配合主干课程教学,使学生提前接受真实的旅游企业培训,感受旅游企业的氛围,为培养良好的职业素质打下基础。校外实践基地指建立在校外的实训基地,主要依托校外的高星级酒店和旅行社等企业来建立。

按法人类型分类,实践教育基地可分为高校自办式、校企合作式两种。高校自办式指高校直接出资建立教学实习基地,高校为独立的企业法人,实习基地为学校直属单位,由学校负责经营管理。例如陕西师大旅行社作为陕西师范大学旅游与管理学院的校内实训基地,其模式是学校自办旅行社,由学生和专业教师组织参与经营管理。校企合作式是两个独立法人主体之间的合作,由学校与企业共同派人管理的合作模式。校企合作就是学校与企业合资建立教学实习基地,由学校根据专业实践教学需要将企业引入学校,学校出场地供企业使用,企业出设备在校内组织经营和生产,为学生提供实践便利。

按经营管理分类,实践教育基地可分为校内实验室式和学生自主经营管理模式两种。校内实验室式不对外经营,不具有盈利的性质。其核心是利用计算机多媒体场景模拟技术,构建校内虚拟实训基地,学生在指导教师的协助下,面对虚拟的旅游活动场景、酒店服务场景、旅游企业工作场景,进行人机对话操作。此外,还采用酒店管理和旅行社信息系统软件,模拟酒店和旅行社前台、预订中心、客房服务中心、报团等的操作程序让学生从中获得实际操作经验,具体包括:中西餐厅实训室、酒吧实训室、客房实训室、导游实训室、旅游企业信息管理实训室等。值得一提的是学生自主经营管理模式,它指以学生为中心,学生自主经营、自主管理、自主服务的管理模式。本书的案例——大学城广之旅实验旅行社就是学生自主经营的管理模式。

1.1.3 旅游管理专业实践教育基地建设中存在的问题

1)校内实践基地建设

目前,旅游管理专业校内实践除了仿真模拟实验外,还有"校店"模式,即企业通过校企共建方式在学校内建立酒店、餐馆、旅行社营业分部、机票或酒店分销代理点等,学校提供场地和教学管理,企业提供设备、技术和实践教学师资支持[①]。由于旅游行业发展较快,各种模拟系统不断更新,校内实践教学基地设施设备不完善[②],且缺乏严格的操作规程,与企业实际的管理、操作相差较大,缺乏真实的职业情境,实践教学效果不理想,难以达到规范化建设的要求[③]。真实的经营性实训基地需要稳定不间断的营业时间,但学生有日常的课程安排,而且有固定的寒暑假,会导致"校店"模式下,教学实践时间与基地运营时间产生矛盾[④]。

2)校外实践基地建设

由于校内旅游实践基地建设体系不健全,不少高校都逐渐开拓校外教学基地,通过与酒店、旅行社等签订合作协议,安排学生到企业实习。一般而言,高职院校大多安排学生在三年级外出顶岗实习,本科院校情况则各不相同,一般院校安排在四年级,主要集中在第八学期,应用型本科设置在第七、第八学期。

①③ 邱瑛,赵文影.高校旅游类专业实践教学基地建设探索[J].经济合作与科技,2015(3):90-91.
② 李芸,毛建明.高职旅游专业实践教学基地建设的困境及其对策[J].中国职业技术教育,2010(20):8-10.李小娟.旅游管理专业校内生产性实训基地建设的研究与实践[J].职业技术教育,2014,35(11):10-12.
④ 唐少霞,谌永生,赵志忠,等.高校旅游教学校内外实践基地建设探析[J].产业与科技论坛,2008,7(8):187-189.

上述设置方便教学任务的安排,方便校外实践的管理,但将实习安排在课程学习的最后,学生实习中暴露出的问题难以在学生毕业前得到妥善解决。同时,顶岗实习不利于学生了解企业的整体运作,学生无法在实习中辨识出适合自己的岗位。而且由于学校培养目标与企业用工需求的不对称问题,顶岗实习过程往往不能实现系统性的教学,同时顶岗实践的岗位设置比较单一,主要集中在一线部门,往往是简单的技能和基本服务操作实践,与一些高校高层次人才培养目标不匹配。为了科学地选择校外实习基地,满足学生的实习需求,林增学等借助实证研究,构建了校外酒店实习基地的评价指标①;祁颖、余勇、杨世俊等通过分析不同类型实习基地的实践教学特点,根据双赢、实效性的原则,构建了旅游管理专业校外实习基地评估指标体系②。但由于学院"双师型"教师数量不足,实践教学结果并不理想③。

1.1.4 述评

为进一步深化高校教育教学改革,全面提高教育质量和人才培养水平,国家越来越强调理论联系实践,重视高校实践基地的建设。通过阅读文献不难发现:

①实习基地评估指标体系大多与酒店相关,鲜有学者评估旅行社实践基地。

在不少高校,旅游管理专业通常包括旅行社管理和酒店管理两个方向,由于酒店业发展较为成熟,行业规模成体系,因此在文献中呈现较多的是酒店管理专业实践基地建设的构想,与旅行社实践基地建设相关的文章较少。

---

① 林增学,温卫宁.酒店管理专业实习基地评价指标体系的构建研究[J].桂林旅游高等专科学校学报,2004,15(5):77-80.刘文斌.酒店实习基地选择的评价研究[J].改革与开放,2009(4):115-116.郭琰.酒店管理专业校外实习基地评价指标体系的构建与评价[J].中州大学学报,2011,28(1):26-28.

② 祁颖.旅游管理专业校外实习基地建设的新思路和基本模式[J].长春师范学院学报(自然科学版),2009,8(5):90-93.余勇.校外实习基地实践教学评价指标体系研究——以旅游管理本科专业为例[J].重庆第二师范学院学报,2015,28(1):139-142.杨世俊,罗明春.如何运用层次分析法选择教学实习基地——以旅游管理专业饭店管理教学实习为例[J].长沙大学学报,2006,20(4):140-141.

③ 林增学,温卫宁.酒店管理专业实习基地评价指标体系的构建研究[J].桂林旅游高等专科学校学报,2004,15(5):77-80.

②校外实践教学基地建设和管理不到位,实习基地的数量、实训岗位的数量和实训内容不稳定。

校外实践教学基地与学校之间往往只是一纸协议,鲜有校企间联合开展省级实践基地建设;由于旅游有淡旺季之分,企业每次提供给高校学生实训岗位的数量和实训的内容不完全一样;而缺乏相应的管理制度和激励措施,校企间终止合作也经常发生,学生实习效果得不到保证。

③过往研究的重点在于对高校实践基地的评估、选择和建设上提出构想,鲜有对成功案例的分析。

不少研究者通过观察发现目前高校实践教学中存在的问题,试图借助实证分析等方法构建更加科学、客观的评价体系,以指导高校更好地选择合适的教学实践基地。但研究中提出的评价体系往往停留在理论层面,鲜有推动落实的案例,因此很难见到有成功案例的经验分享。

1.2　旅行社校内实践基地与管理角色仿真①

进入 21 世纪,随着我国旅游业的快速发展,其面临的发展困局和创新人才匮乏等问题逐渐增多。从 2014 年以来,教育部对高等院校的类别进行重新调整,提出了应用型本科院校的概念,有 600 多所本科院校以技能型人才培养为主,实现学术型人才和技能型人才的分类培养。在新一轮办学定位调整的大背景下,如何构建旅游创新人才培养体系,如何培养符合旅游发展新趋势的人才,成为本科院校教学改革中需要重视的课题。因此,本书以旅游管理专业中的旅行社管理创新班为案例,探讨人才培养模式中管理能力的培养问题。

---

① 吴水田,陈平平.管理角色仿真创新班个案研究——以广州大学为例[J].创新与创业教育,2016
(04):83-85.

1.2.1　相关研究与实践

　　目前国内外的相关研究成果及实践案例仍然较少。国外研究方面,在 Elsevier、Springer、ProQuest、Wiley、Emerald 等期刊资源以"创新班"(The innovation class)为主题词搜索,没有找到相关主题的研究成果,以"人才培养模式"(personnel training mode)为主题的研究成果比较多,但主要是国内学者在国外发表的成果,如 HuiFang Li 等对 CDIO 理念下城市轨道运输人才培养模式的研究[①],或关于国际贸易专业人才培养模式中课程体系创新的研究[②]。国内方面,目前以"创新班"为主题的研究集中体现在人才培养实践中,以理工科创新班为主。自 2010 年四川宜宾学院提出并成立"创新班"的实践开始[③],国内本科教育的创新班、实验班等人才培养模式逐渐受到关注。宜宾学院推出"创新班"的初衷是针对一些高考成绩不佳但具备一定专长的学生专门组班,尝试打破对所有学生"一刀切"的教育模式,实行个性化培养,最后培养成适应社会的有用之才。之后,国内的相关实践逐步扩大到课堂教学、科学研究等方面,但是相关的实践和研究主要集中在生物、机电、计算机等理工专业,相关的研究案例也主要集中在华南理工大学等几个大学。在课堂教学方面,以河北农业大学的植物科学与技术创新班为代表,在课堂教学中采用了知识管理模型(SECI 模型)用以培养大学生的创新思维[④]。韩鹏举等以太原理工大学土木工程专业的科技创新实验班为例,从培养目标、选拔方案、运行管理机制、培养计划和师资队伍建设与专业标准建设等各个方面总结了该模式,认为该模式的目的是培养

---

① HuiFang Li, Yin Tang. Research on Personnel Training Model of Urban Rail Transit (URT) Information Management Major under Instruction of CDIO[J]. Energy Procedia,2012(16):1300-1304.

② Yang Xiao. International Trade Professional Curriculum System Innovation and Personnel Training Model Exploration[J]. Physics Procedia,2012(33):1420-1425.

③ 万祎.宜宾学院"创新班":不让一名学生掉队[J].教育与职业,2010(3):62-64.

④ 朱华武,傅志强,曹晖.SECI 模型用于课堂培养大学生创新思维探讨——以植物科学与技术系创新班课堂教学为例[J].河北农业大学学报(农林教育版),2011(1):64-67.

拔尖创新人才①。在所有的实践和研究中,华南理工大学生物科学与工程学院与深圳华大基因研究院联合成立的"基因组科学创新班"最为有名,该创新班集"人才培养、学科建设、科学研究"为一体,以培养学生的创新能力为核心,是实现学生综合能力培养和社会生产力提升的创新模式②。另外,华南理工大学的自动化专业和计算机专业也实施了创新人才培养模式,其中的产学研合作仍然是创新实践的核心③。此外,还有以竞赛项目为主要任务组建的创新班,如华南理工大学的机器人创新班④,广州大学的科研与竞赛创新班等⑤⑥,这类创新班突出了专业训练与科学研究的结合。国内外上述研究现状表明,相关成果主要集中在理工专业⑦,因此,本项目以应用型文科专业——旅游管理专业为案例,在提高旅游人才培养质量,创新文科类专业人才培养模式等方面具有现实的意义。

1.2.2　研究案例与研究内容

1)研究案例概述

本书以广州大学与广州广之旅国际旅行社股份有限公司成立的校内模拟企业:大学城广之旅实验旅行社(以下简称实验旅行社)为研究案例。实验旅行社成立于 2006 年 9 月,旨在创新校企合作开展人才培养的模式。实验旅行社成立之初,主要为课外实践机构,没有纳入旅游管理专业的人才培养方案,在一

---

① 韩鹏举,白晓红,张瑞.土木工程专业拔尖创新人才的培养模式与体系探索——以太原理工大学工程科技创新实验班为例[J].创新与创业教育,2012(4):20-23.
② 王应密,程梦云,温馨.人才、学科、科研三位一体培养创新人才——华南理工大学高层次创新型人才培养模式的实践探索[J].中国高校科技,2013(4):13-17.
③ 黄道平,胥布工,乔连芝.产学研结合创新人才培养模式探索与实践[J].电器电子教学学报,2012(2):11-12.张星明,郑运平.计算机创新人才培养模式的探索[J].计算机教育,2013(18):16-19.
④ 马琼雄.基于竞赛的独立学院机电创新班项目教学探讨[J].中国科技信息,2012(13):198.
⑤ 陈虹,黄文凯.强化实践教学,培养创新人才——以广州大学为例[J].武汉大学学报(理学),2012(S2):71-73.
⑥ 谭晓京.哈尔滨工程大学船舶动力创新实验班培养模式的探索与实践[J].高等工程教育研究,2019(S1):162-163.
⑦ 陶佳,王敏,杭义,等.化学创新班探索性仪器分析实验教学的改革与实践——以气质联用仪定性/定量分析实验为例[J].实验室研究与探索,2017(6):205-208.

段时间内还被误解为学生社团类组织。为强化其作用,广州大学在实验旅行社的基础上成立了旅行社管理创新班(以下简称"创新班"),创新班的实践纳入了人才培养方案和教学计划,并专门为此开设了"旅行社管理创新实践"选修课(2 学分),学生在实验旅行社的实践锻炼与学分挂钩,考核合格者每学期可以取得 2 个专业选修学分,实现了企业经营业务与教学内容的衔接。在仿真场所方面,该合作由广州大学旅游学院(以下简称"旅游学院")提供办公场所和必要的设备,属于校内实验室和实习基地的重要组成部分。在仿真内容上,实验旅行社的组织结构完全按照实际运作的旅行社来设立,目前设有总经理、副总经理等职位,以及市场销售部、产品设计部、接待部、人力资源部等部门。总经理和各部门经理在旅游学院各专业中选拔(可以跨专业),由指导老师组织学生竞争上岗,部门副经理以下职位由学生自主选定,任期均为一年。在行业指导方面,广之旅国际旅行社和旅游学院专门成立了指导小组,每个部门各配备 1名校内和企业指导教师。在业务经营上,实验旅行社在广之旅国际旅行社的人力资源部、营销总部等相关部门指导下,自主经营和管理。

2)研究问题与研究方法

本书以讨论本科院校旅游管理专业实践教学中的管理能力培养问题为核心,从调查研究和资料分析开始,在系统整理国内外关于人才培养模式改革资料的基础上,提出设立管理角色仿真创新班实施的必要性,并在广州大学实际组建和开展实践,通过梳理研究和实践成果,建立了评价体系,并试图总结出具有操作性和推广意义的管理角色仿真创新班模式。本书主要研究方法有:文献研究方法,以网络资源、学校图书馆资源为依托,主要查找和比较国内外已有的相关研究成果和实践经验;体验研究方法,研究团队近 8 年来全程参与和指导了创新班的实践活动,及时开展跟踪和调研,熟悉该创新班的运作。

3)管理角色仿真创新的成效

通过角色仿真促进了学生科研活动。通过仿真实践,学院积极探索了以模拟经营和业务范围为内容的科研活动。自实验旅行社创立以来,借助管理角色仿真实践,旅游学院老师在申报各级课题,指导学生开展"挑战杯"科技作品大赛和创业赛、创新创业项目以及行业竞赛方面都取得了突出成绩。

通过角色仿真培养了学生的管理能力。目前国内本科院校旅游管理专业的实习大部分仍然处于以顶岗实习为主的模式,学生在管理岗位的实习机会非常有限。实验旅行社的成立,是企业与院校合作探索学生管理能力培养的新模式。实验旅行社依托国内百强旅行社——广之旅国际旅行社,由学生自主管理、自主经营,打破了以往高校模拟旅行社的做法,让学生进入真正的市场,开展旅行社经营活动。以此为平台,学生收获了知识与经验,培养了团队精神,锻炼了管理能力,实现了学校教育与产业和市场的"无缝对接"。

通过角色仿真提高了人才培养的质量。一是学生通过组织旅游活动等实际业务提前了解了企业经营。实验旅行社成立以来,策划设计的地接线路超过十款,并成功为逾百批次游客提供地接讲解工作,每年接待人数超过 5 000 人,参与了多项组团销售业务,还承担了政府在广州大学城的一些重要接待工作。二是成为旅行社优质人才的重要储备库。实验旅行社成立至今,已培养了 400 多名优秀学生员工,其中不少已经成为业界精英。三是提高了学生开拓市场的能力。从 2010 年以来,实验旅行社积极配合广之旅,在白水寨景区大学生旅游市场开发方面开展了一系列营销活动,还在广之旅的支持下,通过深入实地调查,设计了"今夜星光灿烂——连南大学生深度体验游"等旅游线路,学生的业务能力大大提高。

1.2.3　主要研究结论

调查发现,一般的管理角色仿真实践主要在角色模拟,特别是在与旅游企业的合作中,学生成为廉价劳动力的现象比较多,很难开展管理实践。广州大学旅行社管理创新班通过与企业合作实施管理角色仿真,为学生提供了真实的经营管理场景,实现了从角色仿真、仿真实践到实际实践、实际管理、创新实践的递进式培养,是应用型文科专业的有益尝试。

1）本科院校需要根据办学定位开展对应层级的实践

旅游管理专业属于应用型专业,根据本科院校旅游管理专业的人才培养标准,有不少大学以培养旅游职业经理人为目标,作为职业经理人,在校期间开展管理实践应该是重要的内容之一。但是,目前管理类的实践教学或创新班实践大部分只停留在与企业合作锻炼学生技能的层面,实践教学往往是以企业需求为主导,很难实现轮岗等培养学生管理能力的实践教学。因此,旅游类本科院校需要认识到管理实践的重要性,通过在校创办、向企业争取等手段,为学生创造合适的管理实践机会。而旅游企业也需要承担相应的社会责任,为学生的管理实践提供机会,并采取多种办法吸引人才就业。

2）举办创新班需要提供真实的企业经营环境

在高考招生规模扩大的背景下,旅游管理专业的在校生数量也成倍增长,截至 2014 年底,开办旅游管理教育的本科院校已有 565 所,在校生约 20.1 万人,开展管理实践的需求增大。为弥补企业提供管理实践岗位的不足,学校应立足地方经济和旅游业发展实际,通过服务地方、目标式培养、跨区域互补、旅游扶贫等多种模式,与旅游企业合作成立模拟企业或校内企业。旅游管理专业教学单位需要在实践场地、合作授权等方面争取学校层面的支持,为学生的管理角色仿真创造条件。另外,管理实践也需要改变创新班只是在校内运作的做法,实现校内仿真与校外实践的密切结合,实现真正意义的管理角色仿真。

第 2 章　实践教育基地建设

2.1　实践教育基地的建立

  企业的人才需求和学校培养应用型人才的要求成为推动校企合作开展实践教学和实践基地建设的主要动力,同样也推动了广州大学和广州广之旅国际旅行社股份有限公司(以下简称"广之旅国际旅行社"或"广之旅")共同开展实践教育基地建设。本节主要介绍广州大学与广之旅国际旅行社实践基地(以下简称"广州大学广之旅基地"或"广之旅基地")的基本情况、建立时间、签订协议、组织机构、管理制度及其运行状况等。

2.1.1　实践基地基本情况

  广之旅国际旅行社成立于 1980 年 12 月 5 日,其实力、规模和美誉度位居华南地区旅行社前列,是国内唯一一家获得全国旅游业质量管理最高荣誉"中国用户满意鼎"的综合性旅行社,也是全国旅行社中唯一被国家信息产业部指定的"国家电子商务试点单位"。作为全国地方旅行社第一个"中国驰名商标"[①],广之旅对于广东整个旅游行业而言,不仅具有示范意义,也是旅行社行业的标杆。

---

① 　广州广之旅国际旅行社官网,2019-04-15.

广之旅基地依托经营单位多样的经营业务,开设了丰富的实践教学内容。广之旅国际旅行社经营业务种类齐全,除出境游、国内游、入境游、电子商务旅行等业务外,还兼营会展服务、旅游汽车出租、电脑软件开发、海外留学咨询、物业管理和国际国内航空票务代理等。广之旅国际旅行社拥有众多各类专业人才和资深旅游专家,截至 2018 年 12 月,广州总部员工人数就达 1 000 多人,76%以上员工具有大学本科和研究生学历。合理的人才结构为基地提供了较高水平的实践教学指导队伍,为实践教学目标的实现提供了保障。

2.1.2　实践教育基地的建立

开展实习和签订实习基地建设协议是实践教育基地建立的标志。早在1998 年,原广州大学管理系就与广之旅开展了实习合作。2000 年 6 月新广州大学合并组建后,广之旅是广州大学第一批签约的校级合作实践教育基地。2002 年 9 月,广州大学旅游学院(中法旅游学院)成立,广之旅成为中法旅游学院第一届理事单位。

广之旅自 2000 年被确定为广州大学实践教育基地以来,学校和企业成立了实习领导和业务小组,双方制订了实习管理制度。广之旅每年接纳集中和分散实习的学生在 50 人左右,并根据实习生情况向学校反馈人才培养意见。双方定期举行相关会议,并合作开展科研活动,企业管理层也会定期到学校开展讲座。学校积极支持广之旅的经营管理,每年组织学生到旅行社实习,推荐优秀毕业生到旅行社工作,截至 2019 年 12 月,广之旅员工中广州大学毕业生超过 100 人,其中不少毕业生担任中高层管理职位。

2.2　实践教育基地建设规划

建设规划是实践教育基地发展的主要依据。2012 年,根据实践教育基地建设要求,广之旅基地制订了三年发展规划,目前,这些规划目标已基本实现。

2016 年,广之旅实践教育基地通过了广东省教育厅的验收。本节的发展规划时间为 2012—2014 年。

2.2.1　建设思路

实践基地以校企共赢发展为动力,以创新实践教学模式为途径,围绕"旅游职业经理人"人才培养目标,创设"国内领先"综合性实践教学基地。

1）以校企共赢发展为动力，实现全方位校企合作

共赢的合作才能长久。广之旅实践基地在建设过程中,既考虑到学校专业实践的需要,也兼顾到企业发展过程中对人才的需求。双方以实践教学为校企联系的纽带,以服务人才培养为基地建设的关键,实施全方位合作。不仅开展实践教学层面的合作,而且在产、学、研方面也开展合作,学校为企业提供培训、智力支持,企业为学校提供实践岗位等,校企双方通过全方位的合作实现基地的层级提升,形成了各取所需、互利共赢的格局。

2）以创新实践教学模式为途径，实现全景式实践教学

所谓全景式实践教学,是借助企业全景式管理理念,在能力设计和过程管理等方面实现实践教学效益的最大化,主要体现在实践教学目标与方式的制定与实施上,兼顾企业、学校、学生的多方需求:一是要创新企业参与实践教学的形式,改变以往只停留在实践教学层面合作,而忽视企业参与或少量参与人才培养的局面,建立合作旅游企业参与办学目标规划、人才培养方案制订、教学参与、实践参与、就业参与的全程参与合作模式;二是要创新实践教学的目标设计,以培养学生的能力为主要目标。实践教学贯穿本科四年学习全过程,每一年根据学习的层次和知识要求安排不同形式的实践教学,四年的实践教学阶段呈递进关系;基地可以满足见习、服务实习、专业实习、毕业实习等实习过程,并通过集中性实践、课内实践、课外活动等形式实现。通过全景式实践教学实现学生从业务能力、管理能力到创新能力的"三能递进式"实践教学目标。

3）以建设综合性基地为支撑，实现应用型人才培养目标

在实践基地建设中,首先需要推进实践教学的广度和深度,实现实践教学对象的多样化,从旅游专业拓展到其他多个专业,从集中在少数几个学校扩展到多个学校。其次,利用基地建设培养旅游创新人才,改变学校以输送顶岗实习生为主的局面,为学生在企业管理、产品设计等方面提供创新实践机会,并成立旅行社管理创新班;依托实习企业在境外的品牌经营,培养学生的国际化意识。三是利用实践基地开展旅游创意设计及旅游研究活动,依托企业的国内影响力和管理经验、营销案例,开展相关实证研究,最终建立实践教学的新模式、新机制。

2.2.2　建设内容

1）完善实践教学硬件，建设示范性基地

为满足培训大批实习学生的需要,实践基地在已有专门的培训教室和音像设备,以及一定数量的图书和音像资料的基础上,加大在培训设备、图书资料和管理信息系统等方面的投入。

实践基地要努力改善实践教学生活条件,为实践学生提供便利的用餐、住宿设施。由于学生实习期间均为走读实习,学校及企业应增加给每位学生发放的交通补贴。学校每年投入实习经费5万元以上。

2）完善基地软件条件，建设示范性基地

①加强管理体系建设,完善中法理事会合作平台下的制度,发挥广之旅在中法办学方面更多的作用。在实践基地已有制度的基础上,完善企业经理授课制度、培训设备使用制度等;在机构设置上,除目前已有的实习领导小组外,还需要进一步落实分工,明确小组的工作制度。

②建立常规交流沟通机制,开展合作交流和召开研讨会。除实习期间的沟通外,基地固定在每学期开学初召开会议,商议实习和人才培养问题,参加的人员除实践教学领导小组成员外,双方的高层管理人员也须出席。

③师资队伍建设。学院要加强专职指导教师队伍建设,争取每年委派一名指导教师脱产到企业挂职,在企业实践的同时协助基地管理实习生。在实习队伍和学生实习培训上,学校每次实习,每个班要指派两名指导老师。

3)改革实践教学模式,建设旅游创新人才基地

①把大学城广之旅实验旅行社建设成旅游创新人才培养的试验田,增加实际操作性,发挥其校内实践教育基地的作用。

②修订实践教学方案,改革实践教学内容。在人才培养方案实施过程中,根据目前实习单位单一、与旅游管理专业培养目标有差距的问题,通过争取企业的大力支持,制订实习规划,增加管理实习岗位;同时,根据企业要求,增加相关技能的教学和培训。在目前已开展工作的基础上,逐渐实现教学实践与企业人才需求对接,学校通过输送实习生和毕业生的形式,提供企业发展需要的人才;企业通过使用毕业生的情况,及时反馈人才培养意见,使学院人才培养方案更加完善。

③实施"3+X"旅行社管理创新班项目。学院以"业务能力、管理能力、创新能力"等"3"方面能力为培养目标,以学校多个不同专业即"X"为招生对象,依托合作单位和大学城广之旅实验旅行社,创立"3+X"旅行社管理创新班,形成依托单位与学校合作培养创新人才的新模式。

4)服务旅游知识创新目标,开展全方位合作

深化科研方面的合作。校企双方在共同申报纵向课题的基础上,争取共同申报校企合作课题和横向研究课题,充分发挥企业在科研方面的潜力。

开展全方位合作。双方争取在各自发展、服务社会等方面开展合作,力求有突破。

5)建立开发共享机制

为扩大基地的影响力,增加实践教学的广度和社会辐射作用,建议依托基地成立广州地区本科院校组成的基地实践教学联盟。

建立实践教学跨校资源共享和基地资源共享机制。在实践教学中,依托基地建立跨校培训机制,基地的实践项目向国内所有的旅游院校开放。

2.2.3　建设目标

作为广州大学第一批校外实践教育基地和广州市第一批示范性实践基地,在长期规划中,广之旅基地的发展目标是打造为集实践教学、研究、服务社会与培养创新人才为一体的,具有示范性作用的国内一流综合性基地。目标具体通过"三个基地"来实现,即把广之旅基地打造为:

①校外实践教学示范基地。

②旅游创新人才培养基地。

③旅游知识创新研究基地。

2.2.4　建设计划

围绕上述目标和内容,学院主要从以下方面开展工作。

1) 时间与内容安排

第一阶段:2012 年 9 月—2013 年 8 月,第二阶段:2013 年 9 月—2014 年 8 月。

在硬件建设方面,增加基地的图书和资料保有量,购进多套管理信息系统软件供教学、培训使用;整饰总部员工餐厅,建设或者固定租赁倒班宿舍。

在制度建设方面,建立基地领导小组常态化联络机制、基地领导小组的工作制度、企业经理授课制度、实习导师制度、培训设备使用制度、安全响应制度。

在实践教学方面,扩大实践规模和批次,扩大实践实习的专业,增加实习部门的数量,将实习岗位从业务岗位扩展到管理岗位,实习内容从一般实习扩展到创新实践;组织开展企业讲座,增加企业授课课程门数。

2）旅游知识创新建设

①主办具有国内影响力的旅游论坛。

②成立广州（大学城）旅游创意中心。

③成立"3+X"旅行社管理创新班。

④教学场地的范围从实习基地总部扩大到全国。

⑤申报省大学生创新实验项目 2 项。

⑥申报国家大学生创新训练项目 2 项。

⑦举办首届旅游创意（产品）设计比赛。

3）实践教学与课程建设

企业课程建设结合企业实际需求开展，主要有大学城广之旅实验旅行社项目、专业实习、毕业设计等内容，以锻炼学生的实际操作能力及管理能力。

加大实践教学课程在人才培养方案中的比例。目前已经制定并通过本实践基地开展的课程有认识实习、专业实习、毕业实习等课程，专业实践教学学分达 28 分，占毕业总学分的 17%。下一步的建设中，一是在 2012 年人才培养方案制订中，增加 4 个创新实践教学选修学分；二是把实践教学知识体系纳入人才培养方案，主要实践相关课程有节事活动策划与组织、会议服务与管理、导游业务、旅行社管理、旅游产品设计与组织等。

目前学院执行的旅游管理专业教学计划与实践教学基地实际情况相配套，按照开课学期、时间、内容有计划的实施，执行情况良好。下一步将继续按照教学计划执行实践教学；同时，根据创新实践教学模式的需要，在实践教学形式和内容等方面开展试验。按照课程建设要求，已有实践课程体系中的认识实习、专业实习、毕业实习等都制定了规范的教学大纲，教学目的和明确的内容。

根据实践大纲要求，学院按照教学计划合理安排学生开展实践教学活动，安排实习指导教师。目前的教学质量良好，企业对学生、学生对实践的评价都较高。下一步在继续执行规范安排的基础上，在具体实践指导、具体岗位安排与跟踪等方面抓好实践教学质量。

实践教材建设。为提高实践教学效果,基地双方合作编写了旅行社实习指导书,并结合基地情况编写了导游培训资料。下一步将结合基地接待等案例,编写实践教学指导书。

4)大学城广之旅实验旅行社项目

实习时间:作为一个学生自主经营、自主管理的实验旅行社,其实习时间为学生课余时间及寒暑假;接纳从大一到大四的学生,所以,实习时间各不相同。

实习内容与要求:熟悉旅行社各个部门的运作情况;掌握大学城旅游目的地接待业务;掌握旅行社组团业务;掌握导游接待业务。

实习考核:企业、学校、实验旅行社高层管理人员组成考核小组。每年对学生进行考核,学生提交实习报告。

5)专业实习课程

实习时间:安排在大三第二个学期,根据企业需求,暑假可继续实习;时间为 10 周。

实习方式:集中实习。

实习内容与要求:掌握旅行社的性质、职能、基本业务和分类方法;掌握旅行社产品设计的基本方法并实践;掌握旅行社的销售渠道理论及其在实际中的运用;熟悉旅行社门市部的设立及管理运作流程;掌握旅行社接待过程的管理;熟悉旅行社的服务质量管理;掌握旅游投诉及其处理方法。

实习考核:企业、学校派出人员组成考核小组,学生完成实习报告并对相关问题进行答辩。

6)毕业实习

时间安排:实习安排在大四第二学期,时间不少于 8 周,实习方式为分散实习。毕业实习与毕业论文(设计)相结合,指导老师由学校教师及企业人员共同担任。

实习内容与要求：将所学知识综合运用到旅游企业经营与管理的实践活动中，全面检阅学生的专业理论知识与专业实践能力；学生可结合个人兴趣和企业情况，熟悉旅游企业某部门某一岗位的基层管理工作，了解相关工作的全过程以及各个环节的具体要求和相互衔接；寻找、收集与毕业论文（设计）相关的一手材料，为完成毕业论文做前期准备。

7）毕业论文

时间：大四第二学期，不少于 8 周。

毕业论文内容与要求：毕业论文选题由学校、企业、学生共同制定，内容充分考虑和尊重了学生个人发展需要。毕业选题符合专业培养目标，并与当前旅游发展实际紧密结合。毕业论文进行过程中，学生在充分收集材料的基础上，撰写开题报告，积极向指导老师汇报。毕业论文指导老师由学校骨干教师及企业中高级管理人员、技术人员共同承担。学生完成毕业论文后，经指导老师同意，组织答辩。毕业论文考核：成绩采取五级记分制（优秀、良好、中等、及格、不及格）。成绩评定由三部分构成，即由指导教师、评阅教师和答辩小组分别评定各单项成绩（按百分制赋予分值），并按 5∶2∶3 的比例计算总成绩，最后由答辩委员会审核成绩。

8）双方共建课程

共建课程主要包括创新实践课程、签证员培训课程、创新实践课程、门市部接待人员培训课程、市场销售人员培训课程、接待案例等。

9）实践质量建设

为提高指导教师力量，专任教师参与实践教学人数每年增加了 2 人，实践教学质量优良率占 90%以上，70%以上教师到企业挂职完毕，学院培养了"双师型"专业带头人 1~2 名，"双师型"骨干教师增加到 10 名，国家职业技能鉴定考评员资格教师增加到 10 名以上。

2.2.5　基地实践条件建设

1）教学场地建设

基地的工作场地满足了旅游管理专业等实习教学的要求,每年安排实践教学 2 次以上,每次能安排不同学校的实习学生 50 人及以上。在此基础上,经过两年的建设,随着依托公司规模的扩大实践岗位也在相应增加,基地可以提供教学场地的范围也从总部扩大到其省内、国内各分公司,力争最终能扩大到依托单位的国外机构。

2）设备器具建设

基地的实践教学及培训需要的计算机、投影仪等仪器设备基本完备,目前应用状况良好,图书、参考资料、电化教育等也完全可以满足目前实践教学的需要。

3）饮食住宿建设

基地建设有可以容纳 300 人就餐的员工餐厅,卫生状况良好,适应学生的消费水平;由于基地就在市区,学生实习期间基本回学校住宿,而负责接待实习的学生主要为带团外出,而依托单位没有建设专门的住宿设施。为满足扩大实践教学规模的需要,建设期间,重新整饰了员工餐厅,争取建设或者固定租赁倒班宿舍,满足一些特殊岗位的实践教学需要。

4）环境及安全建设

基地依托的单位实践教学场地及周围环境状况良好,无危害人体的有害因素存在。基地有相应的安全措施与安全管理规定,自使用以来未发生过任何安全事故。在已有基础上需要继续做好:一是要增强安全教育,每次实践教学前要做好充分动员;二是要提高指导教师的安全意识,保证实践教学开展期间按照要求到岗;三是要建立安全预防方案,建立学生骨干、指导教师、学院及企业领导不同层级的安全响应制度。

2.2.6 师资队伍建设

为实现实践教学的成效,实施"三能递进式"实践教学模式,基地建设了一支专兼结合的指导教师队伍。实践基地指导教师队伍由广州大学教师和广之旅国际旅行社的专业技术人员、管理人员共同组成,通过采取有效措施,调动指导教师的积极性,不断提高了指导教师队伍的整体水平。

1)师资队伍建设的现状

2011 年,旅游管理专业有专任教师 43 名,兼职教师 13 名。其中基地指导教师 15 人,基地教师中具有"双师"型教师 7 人,具有副高级以上职称 11 人,具有硕士研究生以上学历或学位的 15 人,省十百千工程校级及以上培养对象 3 人,主编或参编教材 26 部,获省级以上优秀教学成果奖 1 项。

2)师资队伍建设的目标

按照实践基地的建设思路,以促进基地建设和提高师资队伍素质为中心,优化指导教师队伍结构,加强"双师"素质教师队伍建设,建设一支数量足够、专兼结合、结构合理、素质优良,符合基地及人才培养目标要求的师资队伍。

保持目前专任教师队伍规模。重点聘任基地管理和业务骨干为兼职教师,不断扩大企业指导师资队伍,保证师资队伍的数量与实践教学规模相适应,争取实践教学过程中的师生比保持在 1:10 左右。

优化指导教师队伍结构。争取基地建设期末,"双师"型教师占整个指导队伍比例的 70% 以上,同时聘请 4 名以上的企业管理人员为兼职教师。

实践教学与专业梯队建设相结合。建设期间,组建 1~2 个科研和专业教学团队,与企业合作培养 1~2 名本校本行业内的知名专家,争取参加国家职业技能鉴定考评员资格的教师从目前的 3 人增加到 10 名以上,培养"双师"型专业带头人 1~2 名,骨干教师 2~3 名。

制订和完善专任教师参与实践教学的制度,完善专任教师到企业挂职和实践的监督和考核办法,加大教师参与实践教学管理和质量监控的力度,不断提高实践教学的教师水平。

3)师资队伍建设的措施

吸引高层次人才,提高实践教学指导水平。充分利用学校引进高层次人才的优惠政策,挑选具有扎实学术背景的博士研究生来我校任教。2012 年,计划引进具有博士学位的指导专任教师 1~2 人,充实指导队伍,并努力把他们培养成为具有"双师"素质的骨干教师。

利用基地依托单位的丰富人力资源,考虑不同的专业背景,聘用一线技术能手及管理人员作为兼职教师。同时不断加大投入,聘用基地专业技术人员到学校授课,从企业聘请专家达到 4 名以上,重点选聘在本行业内具有较高影响力的管理专家。

开展双向交流活动,提升专业教师的"双师"素质。开展校内专任教师与来自企业一线的实践课教师双向交流活动,通过多种形式,校内教师向校外实践课教师传授教育教学基本知识和经验,校外实践课教师向校内专任教师传授来自企业一线的技术和技能,促进整体师资指导水平的提高。

建设"双师型"专业带头人和骨干教师队伍,培养中坚力量。在工作条件、实践锻炼条件、培训机会等方面与科研专任教师看齐,为每名"双师型"专业带头人配备计算机、摄像机、打印机。在科研课题、参加培训、外出考察和参加学术会议方面与科研教师同等对待,从科研经费中,为专业带头人和骨干教师划拨专门经费,用于支持他们承担或参与高层次、高水平、应用性强的科研项目。争取在建设期末,培养"双师型"专业带头人 1~2 名,"双师型"骨干教师增加到 10 名。根据学校有关规定,参与实践教学指导的教师在职称评聘、培训、聘用、科研奖励等方面将给予适当倾斜。

2.2.7 保障条件

1）经费投入保障

实践基地的建设是一个长期的过程，为达到基地建设的可持续发展，需要争取多方投入经费。在建设资金方面，有企业投入、广州大学投入、广州市教育局投入等建设费用，下一步争取省质量工程建设资金等投入。

2）制度保障

一整套切实可行的制度为基地的发展建立了稳定的模式和框架，从而保证基地可持续发展。主要包括：

①理事会制度保障基地建设的稳定性。规范基地理事单位的合作，保障基地的长期发展。

②管理制度保障实践教学的有序、正常运行。如实习生管理规定。

③安全管理制度保障实践学生的安全。加强对高校学生安全、保密、知识产权保护等方面的教育和管理工作，提供充分的安全保护设备，保护学生的身心健康与安全。

④财务管理制度、设备管理制度保障基地财务和设备的规范操作。

3）教学质量保障

通过制订大纲及计划保障实践教学质量。如实习大纲、实习计划。

通过实践教学过程监督保障实践教学质量。具体方式有：学校督导检查、学院检查、教师检查。

通过合理的评价方法保障实践教学质量。包括学生自评、企业评价、指导教师评价、学院综合评价等方法。

通过良好师资保障实践教学质量。基地的师资由旅游学院、广之旅共同构成。在学校方面，建立了一支老、中、青结合，专任教师与兼职教师相结合，研究型与"双师型"教师相结合,职称与学历结构合理的指导教师队伍。广之旅方面的师资以培训部为主体,同时在各个业务部门选派业务骨干。在实践操作方面,企业派出的师资具有绝对优势,学院的理论教学与企业的实践经验互补,保障了实践教学质量。

2.3 实践教育基地管理体系

广之旅国际旅行社自 2000 年成为广州大学实践教学基地以来,双方共同开展管理体系建设,由校企双方主要领导担任实践基地的负责人。实践基地以"旅游职业经理人"为培养目标,根据实际情况探索建立了可持续发展的管理模式和运行机制。基地挂牌使用和开展实习工作已超过 10 年,机构完整,职责明确,形成了良好的组织管理体系。

2.3.1 组织管理框架

广州大学与广之旅国际旅行社通过签订协议,形成了从理事会成员、实习领导小组、日常工作小组到实践教学指导小组的管理框架。

其中实践教育基地领导小组担负主要建设任务,其主要职责是:保障实践教育基地的正常运作,提高双方在人才培养、实习合作以及"产学研"方面的合作成效。

具体任务是:

①加强双方联系,定期召开有关会议。

②促进广之旅的发展,提高广州大学旅游人才素质。

③安排学生实习任务,解决学生实习过程中的问题。

④研究、决策实践教育基地的建设和发展。

⑤其他涉及双方发展的问题。

2.3.2 双方职责和任务

1）学校的职责和任务

①负责制订、修改、完善专业教学实习和课程实践计划。

②负责组织派出学生到企业进行相关实践活动。

③负责督促学生在实践活动期间严格遵守企业的各项规章制度。

④与企业共同完成学生的实践成绩考核。

⑤根据协商的条件协助企业开展各类培训活动。

⑥应邀与企业共同开展市场调研与企业创新等方面的研究；申报、完成有关课题，组织好科研力量。

2）基地依托单位的职责和任务

①为学校提供日常教学支持，如接受学校师生到企业参观，观摩企业经营与管理的基本过程，并同意把企业的管理经验作为学校教学案例（商业秘密除外）等。

②根据协商的条件应邀到学校开展相关讲座。

③为实习学生的技能训练和实践活动提供场所、设备、上岗培训、岗位指导、考核等支持。

④与学校开展市场调研与企业创新等方面的研究合作。双方及时沟通企业管理的新动向，企业可根据具体问题和实际需要，提出论题，作为学校学生的毕业论文研究方向或课程设计选题；或优先委托学校开展相关课题研究，或应邀共同申报有关课题；为学校老师到企业开展课题研究提供便利；根据协商的条件为学校教师提供挂职锻炼的机会。

2.4　实践教学的开展

实践教学是基地建设的主要内容之一。广之旅基地每年都接收广州大学、华南师范大学、广东财经大学、广州城市职业学院、广东省旅游职业技术学校等不同层次学校实习生约 200 人，其中，2011—2015 年，共接收广州大学实习生 177 人，主要分布在出境、网站、营销、商旅、国内等部门；2011—2015 年共接收广大毕业学生 59 人。

2.4.1　实习计划的制订

实习课程主要有《专业实习》(5 周)、《毕业实习》(8 周)，实习计划每年制订，2012—2019 年的专业实习时间为每年的春季学期，以下为 2016 年的实习计划。

广州大学本科生实习计划表

旅游学院旅游管理系旅游管理专业 2013 级旅游 131 班 58 人

项目名称：专业实习　　　　　　教学计划周数：5 周

1）实习地点与时间

①四川旅游产品路线设计与实践：2016 年 3 月 19 日至 2016 年 3 月 27 日。

②广之旅国际旅行社股份有限公司：2016 年 6 月 5 日至 8 月 5 日。

2）指导教师情况

实习任务安排

姓　名	职　称	实习分工	指导时间	指导地点
李老师	副教授	四川实习带队，实习联络、准备、设计、动员及实习现场指导和实习总结	2016 年 3 月 19—27 日	四川成都、海螺沟等地

续表

姓　名	职　称	实习分工	指导时间	指导地点
肖老师	副教授	四川及广之旅实习带队，实习联络、准备、设计、动员及实习现场指导和实习总结	2016 年 3 月 19—27 日；2016 年 6 月 5 日—7 月1 日	四川、广之旅
陈老师	讲师	四川及广之旅实习带队，实习联络、准备、设计、动员及实习现场指导和实习总结	2016 年 3 月 19—27 日；2016 年 6 月 5 日—8 月5 日	四川、广之旅
李老师	副教授	广之旅实习带队，实习联络、实习协议签订、动员及实习现场指导和实习总结等	2016 年 6 月 5 日—8 月5 日	广之旅（白云区乐嘉路1 号）

实习日程安排

日　程	内　容		
2016 年 3 月 8 日	实习动员		
2016 年 3 月 19—27 日	四川旅游产品路线设计与实践		
2016 年 6 月 1 日	广之旅实习动员		
2016 年 6 月 5 日—8 月 5 日	广之旅实习		
2016 年 8 月 4—8 日	学生上交实习总结报告及实习鉴定表，指导老师对学生上交的材料进行审查、批阅、评定成绩和填写实习鉴定		
填表人签名		系（院）领导签名	学院盖章

2.4.2　实习岗位的分配

　　每年前往旅行社实习之前的一个月，旅行社确定岗位需求数量和要求，然后组织学生开展面试，面试合格者经过培训后正式实习。

1）**实习生岗位**

（1）签证助理

职责：协助签证专员完成签证资料的整理、翻译、签证表格的填写等工作。

要求：细心、有责任心；英语书写能力良好，通过 CET-4 者优先考虑。

（2）在线旅游顾问

职责：负责在线接听和处理客人关于旅游产品的电话咨询、客户服务等工作；负责旅行团出团、取消或更改团的通知及客户回访工作。

要求：粤语、普通话标准流利，具备较好的沟通能力；抗压能力和自我激励能力强，能接受轮班工作。

2）**实习待遇**

①旅行社提供实习工作补贴和伙食补贴，学校提供公共交通补贴。

②提供上岗前培训，确保实习生掌握必要的工作技能。

③部分岗位实习表现优秀者，毕业时优先考虑录用。

2.4.3　实践教学的效果

实践教学的效果主要体现在人才培养、引进企业课程和学生的实习体会、实习收获等方面，本节仅阐述学生的收获。

1）**实现从书本到实践认知的飞跃**

通过实习，学生对旅游业特别是旅行社行业的情况有了深刻的认识。实习生 A 说："过去，我们是作为一名学生或者游客的角度去认识旅行社的，其中或多或少会有一些偏见或者不恰当的认识。现在，有机会让我们深入到旅行社中去认识和学习，真正作为旅行社的员工，这种身份的转变让我们对旅行社以及旅游行业有更新、更加不一样的看法和认识。另外，过去都是在课堂上听老师讲述理论知识，对旅行社的认识更多地停留在书面以及文字介绍上，而这次的实习让我们切身融入旅行社中，我们可以用心去看去听去观察和发现，旅行社是否就是我们过去认识的那样，自己是否适合以及是否有兴趣留在旅行社工作，是否将旅行社作为自己未来职业发展的方向。毕竟，我们已经是大学四年级的学生，是即将直接面对社会和工作的人，必须为自己的将来认真考虑。没有人会替我们选择，也没有人可以替我们选择，可以对自己人生负责的只有自己。我们这次专业实习的意义是非常大的，或许你更想轻轻松松地度过一个暑假而不是投身到实习工作中，但是如果你用一颗心去感受和一双眼睛去发现与观察，会让你这次的实习收获很多。"实习生 B 说："专业实习虽然只有短短的 2 个月，但从中我也学到了很多东西。首先是对旅行社的认知，实习过程中，我了解了旅行社的基本框架及部门的运营。我们所在的部门是网络运营部，下面分为在线旅游顾问、网站、天猫、后台、前线等不同组，每个组之间的工作都是相互联系的。而我们的工作与其他部门的关联主要是客人咨询关于保险、发票等相关问题时，我们要与后台取得联系。"

2）通过实习，提升了学生的个人综合能力

主要是提升了人际沟通能力、心理承受能力。实习生 C 说："作为在线旅游顾问，与客人的沟通不是面对面的，但是也是向各种各样不同的人交代旅行出发时集中的时间、地点。在这一过程中，我们不可避免地要与客人沟通，比如客人不满意航班的集中时间或者对行程相关安排不满意等，这些都需要我们去沟通。如何跟客人进行沟通，让客人满意，是一门艺术，需要掌握技巧。在沟通过程中，我们一般要掌握的技巧简言之为知己知彼、换位思考。所谓知己知彼，就是要了解客人问题的由来，比如客人抱怨航班集中时间过早，部分原因是无法在指定时间坐地铁到达机场，这时我们便可以向客人提供可以准时到达机场的其他途径，如乘坐机场快线等，一般客人意见就不会那么大了。另外，我们也要耐心地倾听。记得有一次，客人反映航班集中时间太早，一家人中有老人也有小孩，那么早赶去机场很麻烦，不太可能，埋怨了一大堆后，最后自己也说了就这样吧，旅游团都这么早的，我们自己想办法就好了……很多时候，客人也知道

旅游团有些问题是不可避免的,但是也会埋怨,这时我们只要耐心倾听就可以了。"在心理承受能力方面,学生的收获颇丰,实习生 D 说:"在旅行社对酒店回访的过程中,很好地锻炼了我的心理承受能力。因为在酒店回访过程中,客人如果对酒店的整体预订流程不满意或者对酒店的设施环境不满意的时候,直接就会向我们抱怨甚至开骂,心里再不好受,我们都要忍着耐心听客人讲完,然后亲切地说声感谢您的宝贵意见,我们会记录下来的。在这一过程中,我们要学会转换角色,告诉自己客人不满意的是酒店和相关人员的服务,并不是针对我们。"

2.5　实践教育基地建设的成效

由于实践教育基地建设的阶段性,限于数据问题,本节的成效数据主要是2016 年广州大学—广之旅国际旅行社实践教育基地通过广东省教育厅验收的报告,大部分数据的截止时间为 2016 年,部分为 2018 年现状数据。

2.5.1　主要建设成效

1)基地基础条件完善,实践教学效果显著

实践教育基地依托单位多样的经营业务,可以提供不同岗位来满足旅游管理等专业的实践教学需求。主要对教学场地、住宿设施进行了改进,购置了相关设备器具及多套管理信息系统软件,购置的图书和资料从 500 册增加到1 000 册,更好地满足了实践教育基地对学生实习岗位和实习时间多样化的需求,也鼓舞了学生深入实践教育基地去拓展学习。完善了组织管理体系,成立了实习领导小组、日常工作小组及实践教学指导小组。完善了实践教学制度:实习管理、财务管理、设备管理、实习导师制度,并建立了安全响应制度和交流沟通机制。制度建设的完善,保障了基地的日常运行和长远发展。

企业为不同层次的学生提供实践平台。自 2002 年实践教育基地成立以来,每年我院都有大批学生到广之旅实习,涉及导游、销售、计调、签证助理等岗位。2008—2016 年,共有 616 名学生到广之旅和大学城广之旅实验旅行社实习,同时还有旅游企业管理方向研究生 3 人到广之旅实习。通过基地实践平台,学生培养了服务意识、锻炼了实际操作能力,学生整体实习效果良好,达到专业教学要求。

2)以基地为依托,以实践教学为基础,实现了产学结合

(1)企业直接参与人才培养方案的制订

自 2002 年以来,广之旅作为学校理事单位,直接参与了广州大学(中法)旅游学院的组建工作。自 2002 年 9 月,中法旅游学院顺利成立以来,广之旅国际旅行社积极参与人才培养工作。如 2008 年人才培养方案制订期间,广之旅有 3 名不同部门的负责人到旅游学院参与人才培养方案的讨论。2012 年在人才培养方案制订过程中,学院专程到广之旅听取意见,广之旅总裁助理、培训中心总经理等管理层也专门到旅游学院参与了人才培养方案论证会。

(2)企业骨干走上讲台为学生传授知识与实践技能

企业管理人员不仅直接指导学生的实践,还针对旅游行业实践性强的特点,专门到广州大学旅游学院为学生授课、开办讲座,年均两次以上。此外,诸如《旅行社运营实务》等实操性很强的课程,也是由企业一线人员来给学生讲授。

(3)企业成为学生的就业基地

通过实践教学,学生加深了对旅游行业、旅行社行业的认识,在旅游专业毕业生就业对口率比较低的大背景下,广州大学旅游管理专业学生就业对口率达到 40% 以上,其中部分到依托单位就业,成为企业人才的重要来源,也促进了企业的跨越式发展,实现了"多赢"的格局。目前广之旅总部一千多名员工中有广州大学毕业生一百多人,约占总部员工的 1/10。

3）以基地为依托，以实践教学为纽带，实现了产研相结合

通过基地建设，加强了实践师资队伍建设，为人才培养提供了有力支持。2012—2018 年，学院共引进青年博士 8 名，并承担了专业实习指导工作。2012 年至 2017 年，学院共举办了 15 期"双周博士论坛"、开展了"企业年度对话"等交流和培训项目。推举了 5 名教师到境外旅游教育发达国家参加进修学习，组建了旅游管理专业教学团队。学院师资队伍进一步年轻化，视野更加国际化，为人才培养与社会接轨提供了有力支持。

广之旅实践教育基地还是专业老师实践的重要渠道，我院有两名教师在广之旅出境部、国内部参与接待服务实践。在基地建设过程中，我院肖星等老师带领策划团队，对广之旅独立经营的白水寨旅游景区及其周边古村落经营及发展方面提出了相关建议。卢遥、何向、夏建国等老师就广之旅旅游产品如何深化文化内涵，多次为企业提供咨询，并参与企业诸如"三国文化深度游""中国美酒文化之旅"等具体产品的设计。

4）以基地为依托，以实践教学改革为动力，双方合作成立了国内第一家由学生自主管理的实验旅行社——大学城广之旅实验旅行社，实现了产学研结合

①重视发挥学生的自主性，创立国内首家实验旅行社。

大学城广之旅实验旅行社于 2006 年成立，这是企业与院校合作、探索学生实践能力培养的新模式。该旅行社依托广之旅，由学生自主管理、自主经营，打破了以前高校模拟旅行社的模式，让学生进入真正的市场，开展旅行社经营活动。以此为平台，学生收获了知识与经验，培养了团队精神，提升了个人能力，真正实现了学院所有专业的课堂教学与产业和市场的"无缝对接"。

②成为华南地区高校特别是广州大学城最重要的地接组织。

大学城旅游目的地接待业务和组织旅游活动为实验旅行社的主营业务。自成立以来，实验旅行社已成功为逾百批次游客提供地接讲解工作，仅 2011

年,接待人数就超过 5 000 人。并且,还承担了一些重要接待工作,如:2011 年全国十五城市综合大学联席会议第二次会议的接待工作;2010 年 9 月,肯尼亚政府、银行、建筑商会代表团参观大学城的接待工作等。在旅游活动组织方面,实验旅行社主要向学生提供旅游咨询及旅游组织服务,服务范围遍布全广东省,年平均组织规模达到 20 次。例如顺德长鹿农庄一日游、从化溪头村徒步游等产品。

③成为广之旅优质人才的重要储备库。

2006—2016 年,实验旅行社培养了 360 多名优秀学生员工,其中大多已经成为业界精英。通过多批次的地陪训练,学生导游具备了专业的知识与饱满的从业热情,绝大多数都成了广之旅具有较高水准的社会兼职导游,为广之旅优质品牌的建立发挥了重要作用。此外实验旅行社的导游社志愿讲解队分布于广州博物馆、西汉南越王博物馆、广州艺术博物馆、中山纪念堂、陈家祠(广东民间工艺博物馆)、余荫山房等广州著名的博物馆景点。亚运会期间,导游社队员更是承担起主要的接待工作,成为广州博物馆方面旅游接待的中流砥柱。

④成为广之旅开拓未来市场、深化与丰富产品内涵的重要生力军。

2010 年,实验旅行社积极配合广之旅,在开发白水寨景区大学生旅游市场方面开展了一系列营销活动。同年,针对广之旅计划重点介入的连南瑶族自治县旅游市场,在广之旅的支持下,实验旅行社多次深入实地调查,设计连南大学生深度体验游线路,并成功组织了两批赴连南旅游团。该活动为广之旅开发连南旅游市场,从产品设计、旅游模式到宣传与营销等方面都进行了有效的尝试。2015 年以来,推出广州大学城系列地接线路和研学旅行线路;2016 年以来,结合广州大学城的资源,开展研学游接待实践,年均开展地接人数超过 1 000 人;2006—2016 年,实验旅行社针对学生旅游市场,设计出 100 多条旅游线路。同时,实验旅行社在针对学生市场,深化线路特点、个性化服务等方面的尝试为广之旅其他产品提供了启发与借鉴。

5）开展了实践教学模式与创新

2012—2016 年,广之旅基地实习规模有所增加,接收集中实习人数每年达220 多人;实习岗位有所拓展,从业务岗位扩展到管理岗位;企业授课课程门数从 1 门增加到 3 门;教学场地的范围从总部扩大到全国。实践教学质量进一步提高,优良率占 90% 以上。2012 年以来,实践基地成立了旅行社管理创新班,并进行旅行社职业经理人模拟训练,开展了大学城旅游目的地接待业务、旅行社组团业务和导游接待业务等。这些实践教学模式创新,充分锻炼了学生的实践创新能力。

6）开展了旅游知识创新与全方位合作

2012—2016 年,参与了广东省地方标准——《单项旅游服务标准》的制定。举办了有影响力的旅游论坛:2013 年高校旅游管理类专业教学指导委员会第二次会议暨全国高校旅游学院院长(系主任)联席会、2013—2015 年广东旅游竞争力研究新闻发布会等,进一步加强了与行业的合作,扩大了影响力。广之旅国际旅行社高层支持广州大学旅游学院举办的 2014 和 2015 广东旅游竞争力发布会,支持广州大学成立了广东智慧旅游研究中心。作为华南地区旅行社行业的标杆企业,广之旅的经营发展在旅行社行业具有典型性和代表性。基地为产学研提供了重要的平台,相继有高质量的科研成果出现,双方共开展课题研究 6 项(其中省市级 5 项、校级 1 项),发表 13 篇相关文章,编写相关教材 3 部;双方以实践教育基地为案例,共同指导学生开展"挑战杯"科技作品大赛,获得2008 年广东省"挑战杯"创业大赛银奖,2008 年广州大学"挑战杯"论文二等奖,2010 年 5 月获得广东省"挑战杯"创业大赛金奖。依托实践基地建设,学院申报了大学生创新实验项目 2 项(校级);申报了国家大学生创新训练项目 2 项,批准省级 2 项。

2.5.2　主要建设经验

1）双方有良好的合作基础

双方合作时间长，已有近二十年的实践教学合作；合作领域广泛，合作内容丰富。除了实践教学，双方还通过共同申报先后获批为广州市第一批示范性实践教学基地、广东省大学生实践教育基地，双方共同开展了 4 届职业技能比赛。广之旅还是广州大学中法旅游学院的理事单位，合作基础牢固。广之旅总部一千五百多员工中，广州大学毕业的校友占 1/10。

2）校企双方高度重视，给予了基地建设强有力的支持

服务地方经济是广州大学办学宗旨之一，广州大学领导及教务处高度重视校企合作。广之旅国际旅行社是广州岭南集团的核心企业，广之旅在国内旅行社的实力排名全国第二、广东第一，对广州旅游业发展贡献巨大。双方建立了长效合作机制，旅游学院专业教学团队与广之旅团队定期开展沟通，建立了紧密的合作关系。

3）旅行社职业经理人模拟机制

项目建设期内校企双方成立了旅行社管理创新班，并进行旅行社职业经理人模拟，总经理下设各部门经理，负责拓展大学城旅游目的地接待业务，充分锻炼了学生的实践创新能力。在基地建设的启示下，广州大学旅游学院成立了铂涛飞航实验班，万豪酒店管理校企协同育人实验班，2018 年，与广之旅国际旅行社开展出境领队实验班合作，实施校企协同育人，开启了人才培养模式的创新实践。

第3章　实践教育基地的业务合作

实践教育基地建设的内容以实践教学和人才培养为主,但在实际合作过程中,为了提高合作的广度和深度,双方在企业经营业务、科学研究等方面也开展合作。本章阐述广州大学与广之旅国际旅行社实践教育基地在实践教学之外的合作案例,以学校支持企业的经营活动为主。

3.1　参与企业经营活动

3.1.1　参加企业产品推介与接待

参加企业的营销推广活动。2014年6月17日,广之旅国际旅行社举办"游历人文云南"主题线路推介活动,广州大学旅游管理专业学生参加了广之旅国际旅行社国内游总部举办的推介红河州的"四张名片"(以哈尼梯田为代表的民族文化;以建水古城为代表的儒家文化;以滇越铁路为代表的近代工商文化;以过桥米线为代表的饮食文化)主题线路推介会,并在会上与企业客户开展互动,收到较好的效果。类似的合作还体现在参与广之旅的大型团体接待活动和参加其承办的广东旅游博览会等,以委派学生参加接待工作为主。另外,在 2018 年,学院还选派学生参加了广之旅的研学产品营销宣传活动。

3.1.2 承接合作企业的国际交流业务

2015 年 6 月 18 日,广之旅国际旅行社接待了新加坡共和理工学院 Request Letter_SOT Guangzhou 2015 入境交流团,应企业要求,旅游学院提供了场地,并组织大学生参与交流活动。2018 年 6 月 21 日,原广东省旅游局办公室发函广州大学旅游学院,提请协助接待台湾学生游学团,安排相关交流工作,该团也是广之旅国际旅行社的接待任务。

3.2 支持合作单位举办的活动

2014 年 6 月,由中国商业联合会中华老字号工作委员会、广州岭南国际企业集团有限公司联合主办,广东省老字号协会、广州岭南国际会展有限公司、广州广之旅国际会展服务有限公司共同承办的“2014 中华老字号博览会暨旅游嘉年华”(以下简称“博览会”)在广州市琶洲举行,应广之旅国际旅行社的邀请,广州大学旅游学院参加了项目展出。本节主要介绍参展情况。

3.2.1 参展基本情况

广州大学成立了老字号博览会参展项目团队,由马洁老师指导,旅游学院会展协会统筹安排参展事项。大学城广之旅实验旅行社和学生代表参与现场的实践工作,参展时间为 2014 年 5 月 29 日—6 月 2 日。为期五天的参展过程,在宣传旅游学院文化、推荐学院优秀人才、展示学生精美手稿、推广会展协会及大学城广之旅实验旅行社,甚至毕业展招展工作初步洽谈等方面给学院提供了一个绝佳的平台。展览结束后,一些公司和机构表示希望与旅游学院及学生社团开展进一步的合作,如提出手稿设计、菜单设计等设计类作品的合作需求;委托会展协会策划活动,代为招募工作人员等接待需求。总体参展效果达到了预期目标。

3.2.2　参展经验及总结

1)学生作品展示

（1）客商的态度及评价

学生作品精美,受到众多客商的关注,客商建议把手稿扫描后整理制作成折页、小册子或传单,以便他们带回公司向领导同事介绍此类学生作品。

（2）展示框制作

前期展品的制作、修改与筛选,展架的设计,选材与框架制造商的联系与商榷,每一步都为后期展品能顺利展出打下基础。展示框的制作选在广州美术学院附近的裱框店,其裱框经验丰富而且可免费运送到校。展示框制作费用 800元,占到总经费的一半,因此在当初选材及设计上便巧花心思,为求这些展示框以后能重复使用。

2)展位布置

（1）展示主题要鲜明

摊位展示内容众多,分类不明显,作为匆匆而过的观众无法快速浏览展示内容,应增加明显标识,让客商一目了然。

（2）海报设计应从简

摊位上的海报设计,文字过多而且字体太小,不能突出重点,不能让经过的观众停下脚步。建议减少文字,增大字号,再附以较多的精美图片。

3）现场工作

（1）优势

展前培训有利于现场工作开展。通过马洁老师主持的展前培训，工作人员深入了解了展会的基本情况、办展意义及服务内容，而且在马老师建议下，各方提前拟好宣传大纲，能让各方的现场工作人员提前相互了解宣传内容，有利于现场引导客商及讲解。

参展热情高涨，工作人员储备充足。首次代表学院参展，各方工作人员都踊跃报名，加之学院提供公假及补贴，学生们更珍惜难得的参展机会。

（2）不足

学生服务意识不够强。个别工作人员服务意识不强，没有主动站立起身向客商问好，并上前热情介绍。建议订立统一服务标准，如客商正在观看展位内容时，必须至少要有一名同学站立，并要求目光对视并微笑，以示学生热情进取的服务态度。

展位气氛营造问题。部分客商反映展位气氛营造活动少，相比其他旅游职业学院，展位活动不多。建议增加互动活动，活跃气氛，加派礼仪小姐或模特队在场派发传单等，吸引客商目光。

学生对客商信息或名片重视程度低。客商们普遍愿意互换名片方便进一步合作，甚至有些当场就表明合作意向，并希望能在短时间内达成合作协议，如由学校会展协会代表客商招募兼职等信息。但部分同学忽视了此类信息的重要性，不但没有及时联系相应负责人，甚至丢失部分名片，失去了合作机会，也在某种程度上怠慢了客商。基于此，建议各自负责人于展前必须重点强调重视客商信息，及时向负责人报告最新状况，以免错失合作机会。

3.2.3 参展学生的收获

1）学生1

本次参展的展会名字叫"老字号"，名字吸引人，因为老字号一般都是拥有良好商业信誉、具有独特的工艺和经营特色,并且取得了社会广泛认同的产品品牌或企业。在广州,特别是"老广州"出生的居民,很提倡怀旧,对老字号的商品充满喜爱。

我是负责 5 月 31 日下午展位的工作人员,那天我看到了参加展会的庆丰包子、皇上皇、致美斋、寿桃牌面、珠江钢琴等中华老字号品牌,观展人群大多以40 岁以上的人士为主。在参展过程中,我发现了以下几个问题:

①展位分区不明显。观察展会发现,展位布局比较乱,卖熟食展位和产品展示展位混合分布,没有按照功能区分,建议可以在地上贴一些方向指引牌,既能当作装饰,也可以指引人群前往店铺,分散人流。

②展会缺乏吸引年轻人的活动。当天看到,参加展会的客户多数为上了年纪的人,年轻人比较少,我觉得这一定程度上与展会的宣传设计有关。老字号的传承与下一代年轻人密切相关,办这次展会在很大程度上也是想发扬中华老字号品牌,因此,我建议展会可以现场多举办一些与老字号品牌有关的活动,例如请师父现场教授如何烹饪某些老字号食品,或者现场创作所喜爱的老字号品牌的绘画等,甚至可以举办一些现场投票或抽奖活动来吸引更多观众。

2)学生 2

①参展需要做好充足的准备。从前期展品制作、修改与筛选,到展架设计、选材、与框架制造商联系等,每一步都需要完成好,后期的执行才有保障。

②学会全面思考,考虑突发情况。展架设计具有一定难度,既要考虑用材合适,又要考虑如何才能更美观。既要节约用材与费用,又要确保展品的稳固。如何说服制造商,赢得合理的价格也算是一种苦力活。

③考虑多种参展情况。如物资的选用,桌椅展品的摆放,海报内容的收集整理等。还有工作进度的跟进,比如海报等。虽然这次海报在开展当天制作好了,但还是要提前说明交货时间比较保险。

④表达主题要鲜明。虽然我们知道摊位内容包括旅游学院、大学城广之旅实验旅行社和会展协会的介绍,也准备了老字号导游图和酒店班设计的菜单,

但作为匆匆而过的观展人群还是无法快速知道摊位的作用。摊位设计不能让人一目了然，也不清楚我们要表达的内容，今后要注意这个问题。

⑤联系方式很重要，这决定着今后是否有机会和企业合作，完善联系与沟通平台，才能把握每次机会。

⑥保持工作的积极性。由于这次是针对普通消费者的展览，许多观众不会放慢脚步听我们介绍，无视我们的观众较多，但如果因为这些原因放弃对下一位观众的热情介绍，更会影响展览的效果。

3）学生3

（1）工作感想

这是我第一次参加展会，通过展会之前的布展和宣传工作，我基本清楚了一次展会所需要的工具、用品，也了解展会的概况。另外，通过印发传单、海报等，我学会了如何和生产商沟通、洽谈，如何把自己的想法清晰地表达出来。在展会中，学会了如何吸引投资商的眼球，宣传我们的协会，让他们产生投资的兴趣；认清了哪些投资商是可以合作的，哪些是暂时缺乏合作机会的；听到很多师兄师姐给予的经验，也有一些顾客提出可以改进的地方，为以后协会筹办展会积累了一定的经验。通过对比广之旅、庆丰包子店等大型企业的参展情况，在展会的设计、工作人员安排上都有积累经验。

（2）工作经验

传单尽量用彩色印发，并在上面清楚体现我们可以提供的服务以及收费的情况，介绍协会的文字尽量简洁，突出重点。传单上可以印发小型的学生作品，用来吸引生产商、投资商的眼球。摊位上的海报设计不宜文字过多，重点不突出，便不能吸引经过的客商停留观看。

下次设置展会可以与学校、学院的模特队、礼仪队合作，请他们在我们的摊位前面表演节目，吸引眼球。会展协会可以设计一份策划书和收费标准，放在展台上，这样显得更专业。可以把和进出口贸易合作的消息印在传单上，参考广之旅和旅行社的合作，突出我们的双重性。

4）学生 4

这是我第一次以参展商角色参与展会,展会之前我都十分兴奋、紧张又期待。这次展会教给了我很多从未涉及过的知识以及待人处事的方式。在参展准备期间,我们的工作人员尤其是会展协会的工作人员都十分尽心尽力、积极负责。从展架的预订、运输,展品的存放、保管,乃至展位的设计与摆放等,都是大家一起协商、学习和探索出来的。在这个过程中我们学到了许多东西,也明白了一个展会的顺利举办是需要付出许多汗水和努力的。

参展期间,我在 5 月 31 日上午作为一名工作人员去了展馆。展馆一开始人流量是比较少的,整个展馆的秩序也比较好。但是到了大概 10 点多的时候,展馆人流比较多,这时的秩序就有点难维持了,特别是其中有一两家老字号排着长队,因此需要较强的现场组织能力。

我在做工作人员的期间,也遇到了几位令我印象深刻的人。一位是广州市旅游商务学校的老师,他来到我们展位向我们了解展位的目的和导向,同时也对我们提出了一点建议,例如我们的展位主题不明显,可以让我们的同学表演一些与主题相关的节目,这样可以使我们的宣传更加深入人心。还有一位是一家美国旅游商务公司的老板,说有一个关于毕业之后去美国佛罗里达迪士尼总部实习一年的项目想和我们学院合作。另外还有其他对手绘地图感兴趣的人。

总的来说,在参展期间,我们的工作人员来自不同的团体,协调性不足,对彼此的团体还不熟悉,因此很难向客商讲解。而我们展位的主题也不甚明显,这是我们的不足之处。但是我们的工作人员都尽责尽守,出色地完成自己的工作,展现了广州大学旅游学院学生的风采。

第4章　实习基地合作的延伸

在实习合作单位——广之旅国际旅行社的支持下，2006年9月，广州大学旅游学院（中法旅游学院）与广之旅国际旅行社股份有限公司合作创办了大学城广之旅实验旅行社（以下简称实验旅行社）。实验旅行社是由广州大学旅游学院（中法旅游学院）学生自主经营管理的模拟企业，是实习基地建设从校外到校内的延伸，截止到2019年12月，实验旅行社已经开办了13年。本章主要阐述实验旅行社的发展历程和运作情况。

4.1　实验旅行社成立的过程

4.1.1　实验旅行社成立的背景和过程

广州大学与广之旅国际旅行社在多年开展实习合作过程中发现，由于旅游业务开展的即时性，学生在旅游企业的实习主要以生产实习即顶岗实习为主，实习的内容停留在技能业务层面，很难有旅游产品策划和管理实习的机会。为了实现未来"旅游职业经理人"的培养目标，学院必须在大学期间为学生提供管理实践与创新实践的机会。经过多年的积累和碰撞，成立学生自主经营的模拟企业成为双方的共识。2006年9月9日，大学城广之旅实验旅行社在广州大学商业中心举行成立仪式,南方网、央视国际等媒体和频道报道了成立信息。为了使模拟企业能够开展实际业务,广之旅国际旅行社股份有限公司专门在大学城广州大学商业中心开设的门市部(2008 年因为企业经营调整撤销了该门市部),直接成为学生开展旅游接待、旅游策划的阵地,为师生们提供各种优质旅游服务,主要经营范围:设计旅游线路,带团出游,包车,订酒店,票务,地接来大学城游玩的团体等。

图 4-1 大学城广之旅实验旅行社成立

4.1.2 实验旅行社的组织结构

为了使模拟经营接近实际,实验旅行社参考旅行社的组织结构来设置部门,每个部门由旅游学院委派老师指导开展业务,各个职位的任期为一年。每年的 6 月份实验旅行社举行换届改选,选拔的形式为自主报名、竞争上岗。设立有总经理、副总经理职位及人力资源部、产品设计部、宣传策划部、市场销售部、接待部、导游社、悠游坊等多个岗位和部门。

表 4-1　2006—2019 年实验旅行社总经理层名单

任职年份	职　位	姓　名	性　别	班　级
2006	总经理	张晋宝	男	2004 旅游
2007	总经理	温毅超	男	2005 旅游
2008	总经理	许茂山	男	2006 酒店
2009	总经理	张美红	女	2007 旅社
	副总经理	房　俊	女	2007 会展
	副总经理	陈雅芝	女	2007 高尔夫
	副总经理	周颖诗	女	2007 旅社
2010	总经理	姚秋琳	女	2008 会商
	副总经理	萧敏仪	女	2008 物业
	副总经理	区美娟	女	2008 旅社
	副总经理	金俊祺	女	2009 高尔夫
2011	总经理	区杏娴	女	2009 中法宾餐
	副总经理	陈倩仪	女	2009 国旅
	副总经理	苏海鹏	男	2009 国旅
	副总经理	刘清霞	女	2009 国旅
2012	总经理	叶瑞燕	女	2010 国旅
	副总经理	李嘉裕	女	2010 会展
	副总经理	邓晓君	女	2010 物业
	副总经理	温　瑶	女	2010 中法会商
2013	总经理	王若菡	女	2011 中法旅社
	营销总监	陈倩榕	女	2011 中法旅社
	产品总监	覃文君	女	2011 中法会商
	地接总监	陈诗敏	女	2011 高尔夫
	行政总监	甘嘉健	男	2011 会展

续表

任职年份	职 位	姓 名	性 别	班 级
2014	总经理	温 晴	女	2012 酒店
	行政总监	邓 妍	女	2012 宾餐
	创意总监	胡智威	男	2012 商休
	业务总监	林琼凤	女	2012 会展 1
	策划总监	胡永扬	男	2012 旅企
2015	总经理	钟嘉骏	男	2013 会展 2
	副总经理	严敏倩	女	2013 会展 2
	副总经理	谭益泳	女	2013 酒店
	副总经理	陈日照虹	女	2013 国旅
	副总经理	肖晓勇	男	2013 国旅
2016	总经理	江炘殷	女	2014 国旅 2
	副总经理	张熙文	女	2014 会展 2
	副总经理	阮嘉儿	女	2014 国旅 1
	副总经理	陈婉婷	女	2014 会展 2
	副总经理	卢子俊	男	2014 会展 2
	副总经理	黎敏曦	女	2014 旅游 1
2017	总经理	姜永彬	男	2015 会展 3
	副总经理	陈嘉颖	女	2015 会展 2
	副总经理	林经纬	男	2015 会展 1
	副总经理	王艳婷	女	2015 会展 2
2018	总经理	周丽铃	女	2016 旅游 3
	副总经理	周子丹	男	2016 旅游 3
	副总经理	梁华斌	男	2016 旅游 3

续表

任职年份	职　位	姓　名	性　别	班　级
2019	总经理	何泓历	男	2017 旅游 2
	副总经理	黄佳逸	男	2017 旅游 3
	副总经理	冯靖怡	女	2017 旅游 2

4.2　实验旅行社的组织管理

组织管理是企业经营的核心内容之一,也是培养旅游职业经理人的重要环节。因此实验旅行社的组织管理,成了广州大学教学改革研究的重要内容。对实验旅行社的指导和组织管理一直由广州大学旅游学院(中法旅游学院)的旅游管理系(2019 年更名为旅游与酒店管理系)负责。从 2006 年开始,先后负责统筹指导的老师为时任系主任的李佳莎、吴水田以及卢遥,之后的系主任何向、李庄容、肖佑兴等也参与了协调指导工作。2013 年,成立的"3+X"旅行社管理创新班项目是实践教学基地建设的重点内容之一,也是广州大学旅游学院(中法旅游学院)和广州广之旅国际旅行社股份有限公司在培养旅行社管理人才方面的重要合作。这里的"3"指培养学生的三种能力,即业务能力、管理能力和创新能力;"X"指创新班成员由不同专业、不同年级的学生构成,招生范围不限专业和年级,按照需求录取,形成以能力培养为主导的模拟企业架构。

图 4-2　实验旅行社标徽

4.2.1　组织管理的目标

根据广州大学建设"国内一流、世界知名"大学的远景目标,围绕广州大学培养具有创新能力的本科应用型人才需求及旅游管理专业"职业经理人"的人才培养目标,实验旅行社以校企双赢为基点,以服务"国内领先"实践教学基地为目标,力争每年培养一批符合旅行社需求的、能胜任部门管理工作并最终成为优秀的职业经理人,其发展方向是未来的旅行社管理精英。

4.2.2　实验旅行社指导机构

2013 年的"3+X"旅行社管理创新班领导小组构成如下:组长由旅游学院(中法旅游学院)院长张河清和广之旅国际旅行社总裁助理韦玉担任,副组长由旅游学院(中法旅游学院)院长助理吴水田、党委副书记刘绍东、广之旅国际旅行社人力资源部总监邬琛担任,班级指导教师为吴水田、卢遥,部门指导教师为何向、李佳莎、肖佑兴、李庄容、王锐等,企业指导人员为江卫明、陈燕玲、常蕾、黄咏柔、张静等。

4.2.3　实验旅行社的换届与选拔

1)换届与组班原则

每年 6 月换届一次,每次换届之后重新组班。实验旅行社以能力培养为基本理论取向,以学生志趣、学习、职业、岗位为基本依据设置实践教学模式,力求既满足社会对人才的整体需求,又满足学生自我发展的个人需求。

招生方法和时间。"旅行社管理创新班"有别于一般的大班教学,在不改变学生原来所在专业、班级的前提下,以培养未来旅行社管理精英为目标,以在校二三年(级)学生为招生对象。每年 5—6 月,实验旅行社通过宣传发动,学生自愿报名、递交工作方案等来确定创新班学员名单,其中部门经理以上的岗位需要通过竞选大会确定。

2）换届组班规模及实践期限

每年为 20~30 人，实践期限为一年，经考核合格，颁发由企业和学校合署的实践证明。

3）学员待遇

①创新班成员为校内模拟企业平台的经营人员，将会获得一年的旅行社管理培训和实践机会。

②每学期考核合格者可以获得 1 个专业选修学分（2012 级之前及旅游学院之外的学员按照广州大学规定申请第二课堂学分）。

③优秀学员推荐到广州广之旅国际旅行社股份有限公司就业。

4.2.4 实践及培训计划

"3+X"旅行社管理创新班学制为一年，实践及培训分学期进行，计划如表4-2 所示。

表 4-2 "3+X"旅行社管理创新班实践及培训计划

时 间	内 容	具体形式	实施内容及地点	预期目标
第一学期	旅行社业务能力实践与培训	观摩见习高年级学生传、帮、带	校内专业认知教育校外基地认知学习	对专业形成初步认识，初步定位角色
第一学期	培养旅行社计调、导游业务能力	校内模拟基地老师授课、指导	校内旅行社仿真实训	初步掌握旅行社业务技能
第二学期	培养旅行社管理能力	旅行社顶岗实习	校外企业培训及分部门实习	了解旅行社整体架构，掌握 1~2 个部门业务知识和操作流程；建立跨部门合作的团队精神

续表

时　间	内　容	具体形式	实施内容及地点	预期目标
第二学期	培养旅行社管理能力	校内综合实训（校企双方共同指导）	校内管理实务课程学习及校外综合实训	能独自应对且灵活处理工作问题，具备一定旅行社管理能力，为就业和专业发展奠定基础

具体实践内容安排：

1）**市场销售实践**

市场调研活动；

搭建协作网络；

对客产品咨询；

导游销售培训；

旅游市场开发。

2）**产品设计实践**

既有产品的整合；

产品资料册制作；

新产品的设计；

产品数据库完善。

3）**宣传策划实践**

旅行社宣传活动；

旅行社形象推广；

活动会场布置。

4）**人力资源实践**

部门联系及部门信息反馈；

企业管理制度制订和实施；

资料分类及整理归档；

组织员工福利活动；

往届成员交流活动；

办公软件及技能培训。

5）接待实践

大学城地接培训；

大学城周边踩点；

导游词整理及创作；

地接方案设计；

导游培训。

6）悠游实践

会员招收；

会员管理；

会员活动。

7）导游实践

讲解培训；

带团技巧；

导游管理；

导游社内活动；

精英讲解队；

导游档案管理。

8）培训计划

授课师资：旅游学院教师，业界师资；

授课地点：广州大学文俊东楼310；

时间安排：每学期 5 次，每次约一小时；

课程内容：企业管理、旅游产品设计、宣传推广等与旅行社经营、管理相关课程；

主要专题：旅行社经营管理、产品宣传推广课程、旅游资源开发与线路设计、企业人力资源管理。

4.3　人力资源部的运作与业务管理

4.3.1　主要业务

人力资源部的主要业务是团建、年会、"春茗"活动以及换届大会等的筹办。这几项活动关系到全体旅行社成员的人际关系或人事关系，是人力资源部门的品牌业务。

1）团建

团建，顾名思义就是团队建设。人力资源部组织的团建活动主要有拓展训练、集体踩线、出游等，通过活动培养团队凝聚力。

图 4-3　2016 年金星农庄团建活动

2）年会

大学城广之旅实验旅行社年会有一段变迁发展史。起初,年会又称为员工福利晚会,在每年的秋季学期末举行。同样在秋季学期末,实验旅行社还要举办一个聘书颁发大会,但由于聘书颁发大会时间冗长且缺乏趣味性,遂决定与员工福利晚会合并,于是就形成了举办年会的传统。合并之后的年会,具备总结展望、评先评优、文体娱乐、福利嘉奖等功能,更加完善,也更加符合企业年会的定义。

图 4-4　2015 年员工福利晚会

3）"春茗"活动

经过舒适放松的春节与寒假,大学城广之旅实验旅行社全体工作人员即将投入忙碌的学习生活与工作当中。为给新一年的工作带来良好的开端,鼓舞士气,凝聚团队,展望未来,营造团结、温馨、高效、创新的企业氛围,让大家更好地投入工作之中,大学城广之旅实验旅行社每年会举行"春茗"活动。

图 4-5　2017 年"春茗"活动

4）换届大会

换届大会一般在每年的 6 月举办。进入实验旅行社工作与学习的每位员工在一年的锻炼中都恪尽职守，严于律己，与内部人员团结一心，共同营造了"团结、温馨、高效、创新"的企业氛围。一些积累了足够经验，具有较强组织策划能力的员工甚至具备了担任经理层以上职务的能力，在此基础上，实验旅行社决定每年举办换届大会。换届大会包括报名、资格审查、现场演讲、评委打分、指导老师审核等环节，最后确定新一届管理层名单。

图 4-6　每年一次的换届大会

4.3.2　人员招聘

人才是一个部门的重要组成要素，是推动部门工作顺利开展的重要保障。每年 9 月开学初，实验旅行社均会开展招新活动，招揽各种人才。历年来，实验旅行社在招新期间均会开展咨询会暨面试技巧分享会，既能让大一新生了解掌握更多实用的面试技巧，也能对外宣传实验旅行社及各部门，并招揽人才。

人力资源部在招新期间的主要工作除招揽本部门人才，还需统筹实验旅行社各部的招新，保证实验旅行社招新顺利开展。面试过程一般分为个别面试和团体面试，"个面"主要了解面试者的基本情况，"团面"通常采用无领导小组讨论的形式，通过观察面试者的临场反应和团队表现来筛选。关于用人标准，历年来新任的部门经理均会结合部门的学年发展规划和自身对员工的要求,适当地进行调整。

图 4-7　招新咨询会暨面试技巧分享会

图 4-8　团体面试的无领导小组讨论环节

4.3.3　绩效管理

　　人力资源部逐步完善实验旅行社的规章制度,落实员工绩效考核制度,加强监督力度,推动本社规章制度落到实处。并且根据部门、员工的学期表现和绩效考核情况,在学期末对优秀员工、优秀经理、模范经理、优秀部门等颁发奖状,予以表彰。

4.3.4　薪酬管理

薪酬管理应该达到以下三个目标：效率、公平、合法。合理性是薪酬的基本要求，而要充分发挥薪酬激励的作用，就要保证薪酬管理的效率和公平。从这个原则出发，我们把薪酬结构分为三个部分：基本工资、接待利润的分成和员工奖励。

1）基本工资

为感谢前任（总）经理一年的辛勤劳动和付出，实验旅行社会特邀上一届管理层回来参加一年一度的聘书颁发大会（2016 年与员工福利晚会合并为年会），同时向前任（总）经理颁发聘书及发放薪酬。

图 4-9　指导教师向经理颁发聘书

2）接待利润的分成

旅行社日常也有接待业务的工作，对于参与接待的员工，按照贡献进行接待利润的分成。这种利润分配的激励原则，能够提高员工的主人翁意识，增强归属感和参与意识。

3）员工奖励

考核是一把双刃剑，用得好就可以激励员工斗志，用不好则会伤了员工士气。实验旅行社采用员工奖励和绩效考核挂钩的形式，激发员工发挥更大工作潜能,调动员工的工作积极性。人力资源部根据每月的《员工绩效评估明细》的平均分(80%),以及经理的《员工绩效表》的平均分(20%)决定优秀员工人选,在年末时进行表彰并发放奖金。

4.3.5 人力资源规划

人力资源部的日常工作除了策划组织旅行社大大小小的活动外,还需要协助派驻部门开展工作。学期初,由人力资源部内部抽签决定派驻员工的部门。派驻员工需要参加派驻部门的例会并做好会议记录,同时统计会议出席状况以便做好员工绩效考核。这是一个独特的体验,既能让员工熟悉了解不同部门的运作管理,学习到更多有用的技能,又能拓宽员工的交际圈,结识实验旅行社更多的小伙伴,培养和提高处理人际关系的能力。人力资源部遵循人性化管理原则,每逢学期初均会收集各部门员工课程表,制作空闲表,以合理安排例会时间,分配工作。

4.3.6 财务管理

为做好实验旅行社的财务监管,人力经理以月、学期为单位统计各部门收支状况,制作收支明细表并上交给总经理层审核。日常活动中,人力资源部负责控制和报销活动经费。

4.4 产品设计部的运作与业务管理

4.4.1 主要业务

1)主题游

产品设计部推出的主题游以比传统旅行社更适合大学生的旅游线路作为出发点,融入大学生流行的团建、轰趴等联谊方式。产品设计部干事在经理的指导下,自行策划路线并进行实地踩点,同时还设计独特主题的线路,增加其吸引度和可玩性。

2）微信公众平台运营

产品设计部负责旅行社官方微信公众平台的日常运营,主要包括旅行社线路的推送,定期更新旅行社产品信息、票务信息、旅行攻略、游记等。微信公众平台作为旅行社重要的线上宣传窗口,在业务销售及宣传推广上起着重要的作用。

4.4.2　主题游产品案例

2012 年　西冲情人岛「属于你的我的夏天」

西冲是深圳南澳一个美丽的小渔村,这里有绵长的海滩、雪白的细沙、蓝蓝的天和碧色的海。2012 年的两日游产品设计部将地点定在了这里。山花在海风中摇曳,野菠萝丛中有螃蟹爬行,浪花在褐色的礁石上舞蹈,走到海边还可以看见近处海中的小岛赖氏洲,听着海涛声,吹着丽日下的海风……以逃离城市快节奏融入海边慢生活作为吸引点,是以杨梅坑、西冲丰富的旅游资源为基础的一条适合大学生夏天旅游的路线。

2013 年　英德、连州「想·自由」

2013 年的主题游以"逃离浮躁,挣脱束缚,渴求自由"作为关键词来展开整条路线的行程安排。在英德、连州等地的山水丛林中游玩,三天两夜的路线将黄花驿站、洞天仙境、九州驿站·天门沟树屋村、宝晶宫·金黄油菜原、湟川三峡等有名的景点串联在一起,除了观赏性的景点,还有参与性比较强的景点,如竹筏漂流等,力求做到满足不同方面的旅游需求。

2014 年　大鹏半岛「夏日友人帐」

2014 年的路线地点定在了深圳的大鹏所城,以打造民宿、海滨、小清新、淳朴、悠闲、小冒险、复古、浪漫为特色的二日游路线,选取深圳最具人气的的几个旅游休闲地——荷兰花卉小镇、大鹏所城、杨梅坑、大鹏半岛国家地质公园,同时还能尝尝特色小吃和菜肴,满足不同方面的感官享受。

2015 年　珠海「珠游记」

"珠游记"打造的是以"清凉、休闲、水灵、缤纷、释放、恋人"为关键词的夏日清凉浪漫二日游。线路囊括了珠海比较热门的景点——获得惊险刺激体验的梦幻水城，可以尽情购物的华发商都，能与恋人手牵手感受珠海气息的情人路，还有金台寺以及珠海的标志珠海渔女等。让游客能 360°体验珠海，了解珠海，编写属于自己的"珠游记"。

2016 年

清远「清·度疯狂」

慢速度、快激情的清远一日游，吸引热爱新鲜感和追求刺激的大学生和需要团建的社团。行程包括天子山瀑布自然景区和玄真古洞生态旅游度假区，不仅可以观赏美景还可以参加探险活动、野战和体验当地农家菜。刺激与悠闲的疯狂碰撞，给游客带来极好的体验感。

开平「"雕"刻时光」

开平的两日游，主打复古和文艺，吸引社团、文艺爱好者和摄影爱好者。行程包括陈皮之乡——陈皮村、"中国十大最美乡村"之一的茶坑村、4A 级景区圭峰山、《一代宗师》和《叶问》的拍摄地赤坎古镇，以及《让子弹飞》取景地自力村。游客除了可以感受历史风情外，还可以体验开平本地的特色小吃。

江门「逃"泡"计划」

以江门为目的地的两日游，打造休闲的温泉之旅。行程包括财神山缆车、各种风格汤池的古兜温泉、4A 级景区圭峰山、陈皮村、东方威尼斯-古劳水乡。体验性和观赏性的结合，使行程更加丰富。

2017 年

肇庆「赏金猎人」

主打团建活动的肇庆一日游，在神秘的故事背景之下开展一天的"游览+游戏"。行程包括肇兴著名的鼎湖山，自然美景和刺激活动，令整个旅程有更加新奇有趣的体验。

深圳「深圳君的课程表」

深圳君的课程表以"课程表"为包装打造"轰趴+海滩"的二日游,符合现今大学生的娱乐、出行喜好。行程包括甘坑客家小镇、较场尾海滩、深圳大学,住宿为当地的特色民宿。这样新颖的出游方式最吸引大学生团体出游或团队建设。

4.5　接待部的运作与业务管理

4.5.1　部门业务

1)大学城地接业务

实验旅行社的模拟企业定位是地接社,承办地接业务,主要提供大学城参观游览线路及服务,通过与大学城外的旅行社洽谈大学城游览相关业务,来达成合作关系。

2)大学城全陪业务

除承办地接业务外,全陪业务也是接待部对外的一个较大业务。全陪业务主要根据委托任务带团去广州著名景点游玩,如长隆野生动物园、白云湖游乐园、辛亥革命纪念馆等。

3)收集整理和随时更新大学城各种旅游资源信息

作为大学城地接社,及时掌握与更新大学城周边旅游资源十分重要。接待部全员每年都会沿大学城外环骑行一圈,对大学城十所高校进行踩点,从而充分了解各大高校的独特景观、特色建筑、新增专业、王牌专业、办学特色、有趣的活动等,为以后的讲解做好准备。

4)专业的活动策划与举办"广之旅杯"

"广之旅杯"作为旅行社接待部的品牌活动,对接待部、旅行社的影响力都非同小可,因此需要有专业的团队来组织与策划。而培育专业的组织与策划能力也是接待部的职责所在。

5）向旅行社其他部门公开招募优秀地接及全陪导游

向旅行社其他部门公开招募优秀地接及全陪导游,扩充接待部导游库,通过带团技巧、突发状况的应对等培训,为日常的带团、高校宣传日讲解等活动做好准备。

6）参与其他部门业务

旅行社内部各个部门都是相互联系、相互依存的,比如全员参与市场销售部长隆万圣节的售票活动、游游坊的会员活动、产品设计部的线路活动等,通过这一系列的相互合作,使得各部门之间联系更密切,旅行社的业务也逐年增长。

7）导游证咨询会

导游证咨询会是近年来接待部门的品牌活动之一。咨询会可以让广州大学乃至整个大学城的学生有机会了解到导游证考试方面的相关内容,从而更好地实现资源共享与互助,也为计划考取导游证的同学提供便捷的了解渠道。

4.5.2 部门业绩

表 4-3 2014—2015 届接待业绩

序号	时　间	活动内容（主题）	历时时长	负责人
1	2014.7	大学城科学中心地接	一天	钟嘉骏
2	2014.8	大学城地接	一天	严敏倩
3	2014.10	25 日广大—沙扒湾两天（包车）	两天	朱源琳
4	2014.11	11 月 1 日,广大—长隆一日游（包车）	一天	朱源琳
5	2014.11	11 月 5 日,萝岗区香雪小学—生物岛（包车+保险）	一天	朱源琳
6	2014.11	尊享桂林 3 日游	三天	黄子豪

续表

序号	时　间	活动内容（主题）	历时时长	负责人
7	2014.11	香江野生动物园导游	一天	钟嘉骏
8	2014.12	历奇山庄导游	一天	钟嘉骏
9	2014.12	百万葵园导游	一天	钟嘉骏

表 4-4　2015—2016 届接待业绩

序号	时　间	活动内容（主题）	历时时长	负责人
1	2015.10	大学城地接路线踩点培训	半天	阮嘉儿
2	2015.10	百万葵园全陪	一天	阮嘉儿
3	2015.11	导游证咨询会	两晚	张熙文
4	2015.11	长隆野生动物园全陪	一天	阮嘉儿
5	2016.3	大学城地接	一天	张熙文
6	2016.3	长隆欢乐世界全陪	一天	阮嘉儿
7	2016.5	"广之旅杯"乡村线路设计大赛	一晚	阮嘉儿
8	2016.3	长隆野生动物园全陪	一天	阮嘉儿
9	2016.4	东莞团	一天	阮嘉儿
10	2016.4	中山长鹿农庄	一天	阮嘉儿
11	2016.4	大学城地接	一天	张熙文
12	2016.4	十周年赞助活动	一天	张熙文
13	2016.4	长隆欢乐世界 or 动物园	一天	张熙文
14	2016.5	粤侨国旅全陪	一天	阮嘉儿
15	2016.5	畅游徒步	一天	阮嘉儿

表 4-5　2016—2017 届接待业绩

序号	时　间	活动内容（主题）	历时时长	负责人
1	2016.10	畅游国际长隆全陪团	一天	王思华
2	2016.10	大学城地接	一天	林经纬
3	2016.10	梦幻 d 世界全陪	一天	王思华
4	2016.10	粤侨国旅地接	一天	林经纬
5	2016.11	全陪	一天	林经纬
6	2016.11	全陪	一天	王思华
7	2016.11	地接导游	一天	林经纬
8	2016.11	全陪	一天	王思华
9	2016.11	游广大地接	一天	王思华
10	2016.11	一百教育地接	一天	王思华
11	2016.11	全陪	一天	王思华
12	2016.11	地接导游	一天	林经纬
13	2016.11	全陪	一天	王思华
14	2017.3	欢乐世界全陪	一天	王思华
15	2017.3	大学城地接	一天	林经纬
16	2017.3	动物园全陪	一天	王思华

图 4-10　接待部员工活动（2015—2016 届）

4.5.3　接待部主要营业数据

表 4-6　2014 年上半学年出团数据

项　目	出团导游人数	接待人数	营业额/元	营业利润/元
香江野生动物园导游	20	600	3 400	1 000
历奇山庄导游	20	550	3 400	1 000
百万葵园导游	8	150	1 280	320
大学城科学中心地接	6	200	960	300
大学城地接	8	300	1 200	200

表 4-7　2015—2016 学年出团数据

日　期	项　目	出团导游人数	接待人数	营业额/元	营业利润/元
2016 年 3 月 19 日	长隆欢乐世界全陪	11	550	1 650	300
2016 年 3 月 26 日	大学城地接	6	180	840	120
2016 年 3 月 27 日	会议	4	253	1 012	912
2016 年 3 月 29 日	长隆野生动物园全陪	16	600	2 720	640
2016 年 4 月 6 日	东莞团	8	330	1 440	320
2016 年 4 月 9 日	中山长鹿农庄	11	500	1 760	440
2016 年 4 月 9 日	大学城地接	13	400	1 820	400
2016 年 4 月 10 日	十周年赞助	37	/	1 480	920
2016 年 4 月 22 日	长隆欢乐世界 or 动物园	20	660	3 200	600
2016 年 5 月 7 日	粤侨国旅全陪	13	430	2 340	390
2016 年 5 月 26 日	畅游徒步	9	350	1 530	90

表 4-8 2016—2017 学年出团数据

日 期	项 目	出团导游人数	接待人数	营业额/元	营业利润/元
2016 年 10 月 9 日	畅游国际长隆全陪团	3	150	480	60
2016 年 10 月 14 日	大学城地接	9	370	1 350	225
2016 年 10 月 29 日	梦幻 d 世界全陪	10	500	1 500	250
2016 年 10 月 29 日	粤侨国旅地接	11	550	5 280	2 530
2016 年 11 月 3 日	全陪	11	390	1 870	330
2016 年 11 月 4 日	全陪	12	440	1 920	360
2016 年 11 月 5 日	地接导游	15	525	5 050	2 400
2016 年 11 月 11 日	全陪	18	650	3 060	540
2016 年 11 月 11 日	游广大地接	20	700	1 800	800
2016 年 11 月 13 日	一百教育地接	11	350	1 870	330
2016 年 11 月 16 日	全陪	22	575	3 520	660
2016 年 11 月 18 日	全陪	11	400	1 760	220
2016 年 11 月 24 日	地接导游	13	150	2 960	990
2017 年 3 月 18 日	欢乐世界全陪	11	330	1 760	440
2017 年 3 月 24 日	大学城地接	11	375	1 350	225
2017 年 3 月 30 日	动物园全陪	21	575	3 360	530

4.6 宣传策划部的运作与业务管理

4.6.1 部门简介

1）部门职能

宣传策划部简称宣策,主要负责旅行社及各个部门策划举办活动所需的海报设计、周边宣传品制作以及道具制作、摊位布局设计等。作为旅行社的宣传包装平台,宣策致力于推出与旅行社"团结、温馨、高效、创新"这一企业文化相匹配的宣传产品,也为其他部门的活动能更好地举办以及提高旅行社的知名度贡献自己的一份力量。

2)工作内容

海报设计。主要负责招新海报设计、产品设计部的主题游海报设计、悠游坊会员活动的海报设计、接待部的导游证咨询会海报设计以及旅行社举办的大大小小活动的海报设计,如"广之旅杯"。

摊位设计。每一年旅行社都会举行三到四次的摆摊活动,主要目的在于招新、招纳会员、推广票务销售、宣传及出售主题游线路产品等,这时宣策就会对摊位的整体布局进行设计,制作相关道具,进行装饰等。

证件类设计与周边宣传品制作。主要是招新时的名片设计、工作证设计、社服设计,以及摆摊所需道具、装饰图画的制作等。

图 4-11　宣传策划部制作的海报

图 4-12　宣传策划部制作的周边宣传品和证件

4.6.2　开展业务情况

1）招新海报

图 4-13　实验旅行社介绍

图 4-14　招新宣传单

2）活动海报

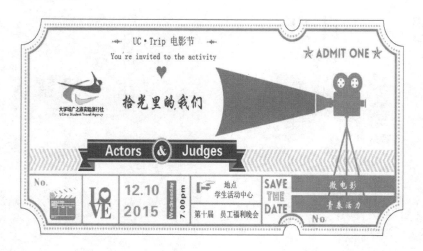

图 4-15　员工福利晚会电影票

图 4-16　研学游线路设计大赛海报

3）主题游海报

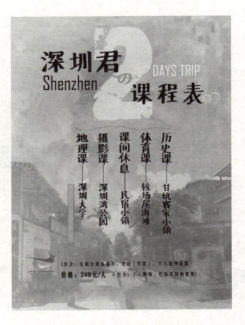

图 4-17　江门·逃"泡"计划主题游海报　　图 4-18　2017 深圳君的课程表主题游海报

4）证件类及其他宣传品

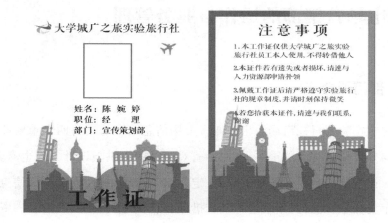

图 4-19　2015 年工作证

图 4-20　实验旅行社成立十周年电影节票

图 4-21　主题游摊位与道具设计

4.7 市场营销部的运作与业务管理

4.7.1 部门简介

广之旅实验旅行社市场销售部兼有市场信息反馈与销售两个重要职能,是旅行社与外界信息交流的重要平台之一,对产品的提供与设计方向也有着一定的影响。销售部的主要业务和工作有:定期组织市场调研,收集市场信息;分析销售和市场竞争状况,提出改进方案和措施;负责收集、整理、归纳客户资料,对客户群进行分析;建立销售目标,确定销售策略,制订销售计划;管理销售活动,制定销售管理制度、工作流程;组织协调销售部各项日常工作;及时反馈客户情况及销售中各种问题。

4.7.2 部门业务

1)票务代理

票务代理是市场销售部重要经济收入来源之一,票务合作方主要有广之旅、南湖国旅、畅游国际等旅行社,通过销售业绩提取佣金的方式为旅行社获利。票务代理的主要产品有长隆万圣节活动、长隆各大乐园门票(以水上乐园、动物园为主)、清远漂流一日游等。

2)线路代理

线路代理是市场销售部另一项重要收入来源,销售部开展过线路合作的单位有广之旅、南湖国旅、畅游国际等旅行社,通过售卖合作旅行社当季热门线路获取佣金。热门线路有夏季海滩线路(双月湾、巽寮湾、沙扒湾、闸坡、西冲、较场尾等海滩线路)、漂流线路(清远古龙峡、黄腾峡等漂流)、冬季温泉线路、团体蹦趴线路等。

3）主题游销售

主题游作为旅行社自主设计的产品,是符合当代大学生出游特点和需求的线路产品。作为市场销售部每年的重要销售模块,主题游具有利润高、影响力大的特点。如"深圳君的课程表"主题游在 2017 年成为 2014 级环境工程学院的毕业游产品。

4）包车业务

租赁旅游大巴车是市场销售部日常重要业务及收入来源之一,随着私人定制以及自由行旅游的越来越普及,更多大学生出游并不满足于已设定的线路,因此增加了对旅游附加产品的需求。

5）旅游保险

为提供更加全面的服务,市场销售部通过代理中国平安境内短期旅游保险业务,竭诚为所有顾客提供最周到的服务(历年来,服务对象主要来自旅游学院学生的专业实习旅游保险、海南见习旅游保险、班级游旅游保险等)。

4.7.3　部门近年来销售事例

2014 年 10 月 25 日广州大学—沙扒湾两天包车,营业额 4 000 元。

2014 年 11 月 1 日广州大学—长隆一天包车,营业额 1 100 元。

2014 年 11 月 5 日萝岗区香雪小学—生物岛包车和保险,营业额 1 270 元。

2015 年 10 月 16 日佛山一天游,营业额 247 元。

2015 年 10 月 26 日明月山溪两天一夜游,营业额 14 332 元。

2015 年 11 月 9 日长隆票务销售,营业额 136 619 元。

2016 年 8 月 9 日长隆水上乐园,营业额 430 元。

2016 年 9 月 13 日长隆欢乐世界,营业额 370 元。

2016 年 9 月 16 日古龙峡漂流,营业额 176 元。

2016 年 9 月 25 日长隆水上乐园,营业额 150 元。

2016 年 9 月 30 日长隆欢乐世界,营业额 555 元。

2016 年 10 月 8 日旅游包车,营业额 2 012 元。

2016 年 10 月 13 日—11 月 13 日长隆万圣节,营业额 34 015 元。

2017 年 3 月—6 月长隆票务,营业额 4 830 元。

2017 年 3 月旅游 141 班旅游保险,营业额 200 元。

2017 年 16 级海南实习旅游保险(义务代买)。

2017 年 5 月环境工程学院毕业游(主题游),营业额 3 900 元。

2017 年 6 月广东外语外贸大学学生会文体部清远两日游,营业额 6 200 元。

2017 年 5 月 8 日香港迪士尼地推,营业额 1 300 元。

2017 年 5 月 14 日黄腾峡漂流保险,营业额 747 元。

4.8　导游社的运作与业务管理

4.8.1　导游社介绍

导游社集中了一批专业又优秀的讲解员,以广州博物馆、广州大学城、西汉南越王墓博物馆、广东华侨博物馆、陈家祠博物馆、西汉南越王宫博物馆等六个区域作为社会实践基地。队员作为相应地点的讲解员,每逢周六、日为所到游客提供讲解,获得了各方面的高度评价。另外,导游社也曾与中山纪念堂、广东艺术博物院、余荫山房等有过讲解合作。

导游社前身为广州大学旅游学院讲解队。在 2005 年度第一学期,为响应学院的号召,也为讲解队的建设和发展提供更大的空间,使之更切合本学院的特色,经过策划和筹备,旅游学院组建成立了"广州大学旅游学院(中法旅游学院)大学城导游社"。在 2006 年度第一学期,导游社并入广之旅实验旅行社,为导游社的队员提供了更好的讲解平台。

4.8.2　导游社各分队工作

1）大学城队

大学城队是导游社中最大的队伍,不仅承担了广州大学新生游览大学城的讲解工作,还接待国家级、省级领导参观大学城的旅游团。讲解的内容主要包括中山大学、华南理工大学、华南师范大学、广东工业大学、广东外语外贸大学、广州中医药大学、广东药学院、广州大学、广州美术学院、星海音乐学院等学校和大学城整体环境与成就等。

2）其他讲解队伍

陈家祠队:讲解对象为陈家祠。陈家祠是广东省著名的宗祠建筑,现为广东民间工艺博物馆,是全国重点文物保护单位。

西汉南越王博物馆队:讲解对象为国家一级博物馆——西汉南越王博物馆,讲解队伍规模较大,管理规范,经常开展讲解员能力培训。队员有机会接触到来自世界各地的游客,能提高自己的中、英、法、日等语言及口头表达能力。

广州博物馆队:讲解队在馆方担任义务讲解员的角色,讲解对象是位于越秀山上的镇海楼广州博物馆,主要为游客讲述馆内文物的知识和广州历史的变迁。该馆日常客流量大,外籍游客比较多,能充分锻炼队员的表达能力和胆量。

华侨博物馆队:讲解对象为位于广州市越秀区二沙岛的广东华侨博物馆。

4.8.3　导游社主要业务业绩情况

1）2009—2013 学年部分业务

2009 年 4 月接待香港太平绅士团;

2009 年 9 月接待香港大学团、广州市新疆学生团;

2010 年 5 月接待全国××秘书长座谈会成员、中央到亚运村的考察团;

2010 年 6 月接待香港团;

2010 年 8 月接待福州市副市长朱华;

2010 年 9 月接待中国社会科学院樊主任;

2010 年 10 月接待新疆人大代表;

2010 年 12 月接待中国高等教育学会师资管理研究分会;

2011 年 3 月接待两次学生团;

2011 年 5 月接连接待大学城管委会参观团的海南省领导、重庆市市级干部,校学生会新加波南洋理工大学代表团;

2011 年 6 月接待高考学子游广大,接待校学生会新加波南洋理工大学代表团;

2011 年 11 月接待全国十五城市综合大学联席会议第二次会议代表;

2011 年 11—12 月与华南师范大学的志愿者讲解队进行了一次高水平的文物风俗讲解大赛;

2012 年 6 月 17 日,与校教务处、学生会合作,导游社派出一批优秀讲解员负责接待高考学子家长,协办高考咨询会;

2012 年 10 月 11 日接待学生团;

2013 年 10 月 29 日接待全国旅游学院院长年会领导团;

2013 年南湾社区文化节期间,导游社派出一批高素质讲解志愿者,为前来参观的游客推介南湾的各个景点。

2)2014—2015 学年部分业务业绩

2014 届导游社全体人员一共 83 名,其中新队员 48 名,大学城队队员 23 名,广博队队员 16 名,陈家祠队队员 11 名,南博队队员 20 名,华侨队队员 10 名。

主要业务:

2014 年 7—8 月,开展以"我的中国梦——仁爱共济、立己达人"为主题的暑期社会实践活动;

2014 年 9 月,策划并举办广州大学旅游学院"新生游广大"活动;

2014 年 9 月至 2015 年 6 月,到广东华侨博物馆、广州博物馆、西汉南越王

博物馆、陈家祠进行专业讲解;

2014 年 9 月至 2015 年 6 月,承担学校学生游览大学城的讲解工作,接待国家级、省级领导旅游团。

主要业绩:

以"我的中国梦——仁爱共济、立己达人"为主题的暑期社会实践活动向广大游客普及了岭南文化,得到馆方的一致赞赏;

带领香港、澳门学校的老师和学生参观游览广大,受到游客的赞赏;

"新生游广大"效果显著,广受好评,使新生对广大校园有初步的了解与认识,并慢慢适应了新环境。

共建社会实践基地 5 个,分别为广州博物馆、广州大学城、西汉南越王墓博物馆、陈家祠博物馆、广东华侨博物馆。

全年讲解与带团次数为 362 次,平均每人 4.36 次(见表 4-9)。

图 4-22　导游社队员在西汉南越王墓博物馆讲解

3)2015—2016 学年部分业务业绩

导游社 2015 届人员共 94 名,其中社长 1 名、副社长 2 名,大学城队队员 23 名,广博队队员 14 名,陈家祠队队员 13 名,南宫队队员 6 名,华侨队队员 17 名,南博队队员 18 名。

主要业务:

2015 年 7—8 月,参加"岭南文化宣讲团"暑期社会实践活动;

2015 年 9 月 13 日，策划并举办广州大学旅游学院"新生游广大"活动；

2015 年 10—11 月，协助海珠区旅游局举办海珠区"海珠故事"旅游导赏词征集大赛；

2016 年 3—4 月，与人文志愿讲解队共同承办广州大学第十三届校园文化艺术节讲解大赛；

2015 年 9 月—2016 年 6 月，到西汉南越王博物馆、广东华侨博物馆、广州博物馆、陈家祠进行专业讲解；

2015 年 9 月—2016 年 6 月，承担学校学生游览大学城的讲解工作，接待国家级、省级领导旅游团。

主要业绩：

①暑期社会实践活动取得成功。导游社在广州大学城、西汉南越王墓博物馆、广州博物馆、广东华侨博物馆、陈家祠博物馆五个社会实践基地，通过举办暑期社会实践活动，生动形象地向游客展示岭南文化的魅力，让他们愈发了解广州这座拥有璀璨文化的历史名城。

②新增志愿讲解基地。2015 年 9 月，签约西汉南越王宫博物馆，为博物馆输送了一批高素质的讲解人才；

③"新生游广大"活动效果显著。2015 年 9 月 13 日，导游社主办 2015 级"新生游广大"活动，带领新生熟悉了学校，缓解了他们对新环境的不适。

④全年讲解与带团次数为 339 次，平均每人 4.45 次。

图 4-23　组织新生游广州大学校园活动

4）2016—2017 学年部分业务业绩

2016 届导游社全体人员一共 53 名,其中包括 1 名社长、2 名副社长,大学城队 9 名队员,华侨队 10 名队员,南博队 8 名队员,南宫队 6 名队员,陈家祠队 9 名队员,广博队 8 名队员。

主要业务:

2016 年 9 月,策划并举办广州大学旅游学院的"新生游广大"活动;

2016 年 9 月至 2017 年 6 月,到西汉南越王墓博物馆、广东华侨博物馆、广州博物馆、西汉南越王宫博物馆、陈家祠博物馆进行专业讲解;

2016 年 9 月至 2017 年 6 月,承担学校学生游览大学城的讲解工作;

2017 年 7 月,协助土木学院承办高校交流活动。

主要业绩:

2016 年 9 月的"新生游广大"效果显著,广受好评,使新生对广大校园有初步的了解与认识,并慢慢适应了新环境;

全年讲解次数与带团次数一共 360 次,平均每人 6.8 次。

共建社会实践基地 6 个,分别为广州博物馆、广州大学城、西汉南越王墓博物馆、广东华侨博物馆、陈家祠博物馆、西汉南越王宫博物馆。

图 4-24　导游社成员(2015)

5) 讲解数据

导游社为旅游学院学生提供了一个锻炼和展示的平台,以下为 2014—2016 学年的讲解数据。

表 4-9　2014 年导游社各队讲解次数

队　别	全年讲解次数	平均每人次数
广博队	58	3.63
陈家祠队	87	7.91
南博队	159	7.95
华侨队	30	3.00
大学城队	28	1.22
合　计	362	

表 4-10　2015 年导游社各队讲解次数

队　别	全年讲解次数	平均每人次数
广博队	60	4.29
陈家祠队	79	6.08
南博队	137	7.61
华侨队	60	3.53
南宫队	3	0.50
合　计	339	

表 4-11　2016 年导游社各队讲解次数

队　别	全年讲解次数	平均每人次数
广博队	45	5.07
大学城队	33	3.66
陈家祠队	60	5.45
南博队	117	8.36
华侨队	63	4.50
南宫队	42	7
合　计	360	

4.9　悠游坊的运作与业务管理

4.9.1　部门简介

悠游坊作为实验旅行社的部门之一,对外主要面向大学城招收会员,策划组织每月一度的会员活动以及与各种商家洽谈合作,进行外联宣传;对内则进行会员管理,致力于为会员提供福利。同时,悠游坊还有另外一个定义:"驴友俱乐部",因此会定期组织驴友分享旅游经验,为旅游爱好者提供一个交流平台。

4.9.2　部门工作及主要业绩

悠游坊以举办会员活动为主,并转发留学机构推文等。每年都会举办不同的会员活动。

表 4-12 悠游坊会员活动一览表

年　　度	参加人数	活动主题	活动内容	发布的旅游信息或游记
2016—2017	81 人	1. 我们"出轨"吧 2. 万圣节晚会 3. 冻不住的甜蜜时光	1. 第二次会员活动场地赞助 2. 留学机构推文转发	1. 这个世界远比想象中的精彩 2. 游记丨逍遥自在,清静恣意行走 3. 游记丨莽莽撞撞的马来西亚之行 4. 游记丨厦一站,很美 5. 强力攻略+游记丨云南,圆了青春的一场梦(丽江篇) 6. 强力攻略+游记丨云南,圆了青春的一场梦(大理篇) 7. 强力游记+攻略丨云南,圆了青春的一场梦(首篇) 8. 游记丨香港之旅 倾城之恋 9. 游记丨天苍茫 雁何往
2015—2016	75 人	会员活动	会员活动	1.RUNNING KOREA 2.假面舞会(2015 年) 3.车库美式餐厅红包大战 4.红砖厂会员活动 5.咖啡厅茶话会
2014—2015		会员活动	会员活动	1.鸡尾酒派对 2.no phone party 活动
2009—2010		会员活动	会员活动	花都芙蓉嶂休闲度假两日游 2010 年摆摊项目线路:大夫山森林公园自行车休闲一日游 玄真漂流+探险 雪狼国际拓展 新银盏温泉两日游 "属于你的我的夏天"西冲情人岛两日一夜游

第 5 章　实习基地与人才培养

5.1　实习基地与人才培养概述

依托实习基地建设,广州大学旅游学院和广之旅国际旅行社开展了人才培养合作,解决了"如何提高旅游管理专业学生的创新创业能力"教学问题。在校企合作开展实习基地建设过程中,形成了"赛教结合"的教学模式。"赛教结合"教学模式以校企合作方式,指导学生参加行业及学科竞赛,双方还会共同组织行业比赛,以此来提高旅游管理专业学生的创新创业能力,实现专业能力的升级。

5.1.1　企业管理人员指导学生参加全国性技能比赛

为了培养学生的策划能力,2014 年以来,广之旅委派了多名企业管理人员指导学生开展旅游项目策划,并指导学生参加全国性比赛,其中主要参加由中国国际商会商业行业商会、中国国际贸易促进委员会商业行业分会、中国会展经济研究会等单位联合举办的全国商务会奖旅游策划竞赛。2014 年,广之旅参与指导的学生获得全国商务会奖旅游策划竞赛二等奖 25 人、三等奖 5 人;2015年,广之旅参与指导的学生获得全国商务会奖旅游策划竞赛一等奖 15 人、二等奖 15 人、三等奖 10 人;这些学生参加比赛的作品已整理为《会奖旅游策划案例》(广东旅游出版社,2016)并出版,这也是校企协同育人的成果展现。

5.1.2 校企合作举办专业技能比赛

通过策划比赛,特别是区域性、全国性比赛,学生能得到全方位的锻炼,包括比赛方案策划、营销、比赛赞助商邀请、比赛场地选择与布置、媒体运营等方面。依托校企合作,自 2011 年以来,广州大学与广之旅合作开展了"广之旅杯""菁英杯"等区域技能比赛,创办模拟企业,开展管理仿真实践,培养旅游职业经理人,通过这些措施,大大提高了学生的项目策划能力和运营管理能力。其中,"广之旅杯"旅游技能大赛包括 2011 年及 2014 年的导游大赛,2012 年以来举办的旅游产品与旅游创意设计大赛和研学旅行产品设计大赛等。

5.2 "广之旅杯"导游技能比赛

为了促进校企合作和实习基地建设,发现导游服务技能人才和提高学生的综合素质,2011 年、2014 年广之旅国际旅行社和广州大学旅游学院合作举办了两届广州地区大学生导游技能比赛。

5.2.1 第一届导游技能比赛

第一届"广之旅杯"广州大学城未来导游之星大赛由广州大学和广州广之旅国际旅行社股份有限公司主办,广州大学中法旅游学院承办。大赛致力于提升广州地区高校旅游教育水平,推动旅游院校与企业的合作,选拔旅游从业人员队伍中的后备力量。大赛共有华南理工大学、暨南大学、华南师范大学、广州大学等 10 所高校的 300 多名学生报名参加,比赛活动从 2011 年 9 月启动,10 月开始初赛,经过层层选拔,来自不同院校的 10 名选手进入决赛。2011 年 12

月 23 日晚上,决赛在广州大学隆重举行,时任广东省旅游局政策法规处处长李振德、时任广州市旅游局副局长肖永存等省市旅游局的领导和广之旅总裁陈白羽等出席。决赛共评出冠军 1 名、亚军 2 名、季军 3 名、单项奖 4 个,来自广州大学旅游学院的许少丽获得最佳形象奖、最具潜质奖和决赛冠军。为了鼓励参加比赛的选手,大赛冠亚季军还分别获得由广之旅国际旅行社赞助的泰国、桂林和香港的免费旅游名额,单项奖奖励价值 300 元的广之旅自游通卡;同时,冠亚季军及各单项奖获得者中,已有导游证的毕业后可直接被广之旅录取为签约导游,未持有导游证者可申请考证,考试费用由广之旅支付,这充分体现了企业在培养人才中的社会责任。

图 5-1　第一届导游比赛初赛图

图 5-2　第一届导游比赛决赛中的选手表演

图 5-3　第一届导游比赛决赛颁奖现场

5.2.2　第二届导游技能比赛

为了继续开展实践基地建设工作,推荐选手参加全国比赛,2014 年 3 月 22 日,第二届"广之旅杯"导游技能大赛初赛在广州大学文俊东楼举行。初赛有来自广州大学旅游、地理、人文、外语等学院的 60 余名学生参加。比赛分为中文导游组和英文导游组,内容包括旅游景点讲解和个人才艺表演两项,最终确定了中文导游组的 12 名选手和英文导游组的 8 名选手进入决赛。

图 5-4　2014 年导游比赛选手表演

图 5-5　2014 年导游比赛颁奖现场

图 5-6　2014"广之旅杯"导游比赛现场

2014 年 4 月 22 日,第二届"广之旅杯"导游技能大赛决赛在广州大学商业中心举行。广东旅游协会导游分会会长郑文丽、执行会长江澜、广之旅国际旅行社总裁助理韦玉等担任评委。来自广州大学旅游管理、地理、人文、外语、音乐等不同专业的选手参加了决赛。比赛分为中文导游组和英文导游组,由自我介绍、景点讲解、回答问题、才艺表演等环节组成。经过角逐,来自旅游管理专业的刘常佳同学获得冠军,音乐教育专业的陈慧同学和旅游管理专业的徐永宁同学获得亚军,严培轲等同学获得季军。

5.3　"广之旅杯"旅游线路设计大赛

5.3.1　设计大赛初赛

为了深化实践基地建设,加强旅游院校与旅行社企业之间的联系和交流,培养大学生积极正面的旅游价值观,激发大学生对旅游和旅游行业的热情,提高大学生对旅游产品的设计能力、策划能力、协调组织能力和实际动手能力,2013 年 3—5 月期间,广之旅国际旅行社联合广州大学、广州地区设立旅游专业的相关高校举办了"广之旅杯"大学生旅游线路设计大赛。旅游线路设计大赛主要面对大学生群体,根据大学生的出游特点和需求,由大学生们自行设计旅游线路,创作出大学生们喜爱的旅游产品。

比赛设置了"大学生集体出游"和"大学生三五知己出游"两个题目,参赛学生按照不同的要求分别设计一条相应的旅游线路,需同时完成 2 个作品,可以以个人或小组的形式参赛。此次比赛从市场吸引力、可操作性、独创性、安全性等多个方面考量,评审出既能满足大学生群体需求,又能实实在在操作的旅游线路,让大学生在发挥创意的同时,创作出符合社会需求的旅游产品。大赛设置了冠军、亚军、季军、优秀作品奖,以及网络最具人气奖、最具市场潜力奖、最佳创意奖、最佳低碳健康线路奖等多个主题奖项,比赛奖品也非常丰富,包括高达 3 000 元的旅游基金、香港海洋公园一日游、长隆欢乐世界门票等,凡提交作品并符合要求的参赛者,均可获得精美礼品。

经过众多高校的联合宣传,初赛阶段就收到了来自不同高校的 190 份作品。这些作品诠释着大学生的青春活力以及独特的旅游视角,朝气、大胆、创新。经过评审,有 20 份作品进入决赛。

图 5-7　旅游线路设计大赛决赛流程

5.3.2　设计大赛决赛

2013 年 5 月 17 日,"广之旅"杯大学生旅游线路设计大赛决赛在广州大学文新楼 119 室举办。为确保比赛的公平性,本次大赛的评委和评审工作全部由广之旅国际旅行社独立组织。进入决赛的 20 条线路创意十足,尽显选手青春风采。决赛选手以 PPT 的形式阐述自己的作品,分别从主题介绍、行程安排、行程特色、可行性分析及问题答辩等环节对作品进行集中性展示,评委们则根据选手们的讲解内容及现场表现作出相应评分。选手们良好的专业素养和独到的旅游见解得到了评委、嘉宾和现场观众的一致认可。经过评审,"最具市场潜力奖"由"On My Way"组合和"天马行空"组合获得;"最佳创意奖"则分别由"Man Friday"小组和"中国好声音组"获得;曾国良小组和"三点水"组合获得"最佳低碳建康线路奖";季军作品是来自暨南大学"Friday Team"小组的《羊城征战》;亚军作品是华南理工大学"Honey Bunnies"小组的《韩国首尔+南怡岛吃货血拼暴走之旅》;广州大学李嘉裕小组《港·原·味》作品则以最高分摘得本次线路设计大赛桂冠。

图 5-8　旅游线路设计大赛决赛现场

图 5-9　决赛颁奖现场

本次比赛具有以下几个特点：

①参加学校多，社会影响大。本次共有中山大学、华南理工大学、暨南大学、华南师范大学、广州大学等 30 多所高校参加大赛，各参赛学校十分重视本次大赛，还指派专业老师带队指导。

②学生参与热情高，创意十足。参赛选手的现场讲解和答辩精彩纷呈，各拉拉队激情高涨，场外网络评分你追我赶，充分展示了新一代旅游人的风采。

③专业性强。本次决赛的 5 位评委全由广之旅派出的业务经理组成，采取当场立刻亮分的形式。各评委无论是现场打分还是点评，都表现出很高的专业水平，比赛的过程也是一次高水平的专业教育过程。广之旅国际旅行社总裁助理温前、广之旅出境游总部副总经理黄静茹等对参赛选手敏锐的旅游市场嗅觉、大胆的创新精神和良好的专业素质表示赞赏。

5.4 广东省乡村旅游线路设计大赛

在实践基地建设过程中，2016 年 1—6 月，广州大学和广之旅国际旅行社还共同承担了推动广东乡村旅游发展的"广东省乡村旅游线路设计大赛"任务。"广东省乡村旅游线路设计大赛"由共青团广东省委、广东省旅游局主办，共青团广州大学委员会、广州大学旅游学院、广之旅国际旅行社承办，面向广东全省征集作品。初赛阶段，共收到 251 份作品。来自广州大学旅游学院、法学院、工商管理学院、人文学院，华南师范大学、广东财经大学等院校的 46 份作品进入了复赛，最后评选了 15 份优秀作品进入决赛。经过选手展示和现场评审，"驯鹿归来"和"时光记忆"获得决赛一等奖。

图 5-10 广东省乡村旅游线路设计大赛海报

图 5-11　广东省乡村旅游线路设计大赛评委点评

图 5-12　广东省乡村旅游线路设计大赛现场

图 5-13　广东省乡村旅游线路设计大赛颁奖现场

　　2016 年和 2017 年,广州大学旅游学院(中法旅游学院)与广之旅国际旅行社还联合举办了研学游线路设计大赛。

附件　实践教育活动案例

　　本附件主要收录广州大学与广之旅国际旅行社合作成立的大学城广之旅实验旅行社开展管理角色仿真实践的案例,说明实践基地建设在人才培养中的具体作用。

附件 1　关于组织学生团体参观广大校园纳入教学实践内容的申请

尊敬的校领导：

您好！

我们是广州大学旅游学院的学生，由学院委派，模拟经营大学城广之旅实验旅行社，现申请在周末开展学生团体参观广大校园实践活动。在学校和学院的领导下，该活动将由旅游学院实验旅行社的学生全程负责，利用周末时间举行，不影响正常的教学计划和秩序，现申请将其纳入实践教学内容。理由如下：

（1）旅行社实验室建设需要。实验旅行社（即旅游学院旅行社实验室，下同）成立之初，在学院的领导下，实验旅行社与广州市广之旅国际旅行社（以下简称"广之旅"）开展紧密合作，广之旅也在我校商业中心设立了营业部，为学生提供课外实践机会。但由于市场战略调整，广之旅于 2008 年 9 月撤销了其设在商业中心的营业部，使我们失去了一个很好的实践平台。我们经过组织几届学生团体利用周末时间参观广州大学的实践证明，这样既可以为旅游专业学生提供实践锻炼机会，也是促进旅行社实验室建设的良好途径。

（2）提升学生素质和能力。2008 年以来，随着金融危机的爆发，大学生就业成为全社会关注的热点。作为在校大学生，我们深切希望能在大学期间，在努力学好文化理论课的同时，通过社会实践，增强自身素质，进而增强自身竞争力！旅游管理专业实操性强的专业特点，决定了参加实践的重要性。在学院的领导下，我们计划通过组织学生团体参观广大校园的活动，提升自身素质和竞争力。

（3）将所学知识得到运用。组织学生参观广州大学校园旅游活动，是我们课外专业实习的最佳选择。目前，我院学生根据教学计划参加实习，工作岗位主要都是在其他旅行社担任导游工作,基本没有涉及具体线路的开发、设计。而通过组织"游广大"活动,我们可以更多地参与旅游线路整体运作的过程,真正将我们所知所学运用到实践。

(4)组织大学城参观游活动条件成熟。首先,我们有细心谨慎的策划组织团队和专业的讲解团队。自2006年以来,我们已多次成功接待了各种团体参观大学城。如:东莞市各高级、初级中学师生团体,广州市各高级、初级中学师生团体,各地应届高中毕业生,赵黄埔军校旧址军训的师生与教官,黄埔区村民等。同时,我们还不定期地代表学院、校方接待来广州大学参加交流会议的各地专家学者,如:"中国大学生骨干培养学校"第二期学员在穗交流考察团、中央潘作良先进事迹报告团等,获得领导的一致好评。特别是在2008年高考后,我校组织广州各高中毕业生参观广州大学,我院学生出色地完成了接待任务,获得广大师生的好评。多次活动的成功举办,让我们在学习实践的同时,更与参观团体形成了长期的合作关系,主动邀请我们组织接待的团体也在不断增加。因此,我们有经验、有信心、有能力承办此次活动。

(5)组织广大校园参观游活动,可以提高广州大学的知名度。该活动除了能给我院学生提供很好的实践平台外,还能很好地对宣传我校。中山大学大学城校区在3年前就已经开始着手其校园游的活动,该校后勤服务部组织的多次活动得到了很高的评价,也提高了其在华南地区的影响力(注:其组织的活动经常邀请我院专业学生导游进行讲解)。我们坚信,通过组织校园参观活动,我们定能将广州大学的美好风貌更好地向来到大学城的师生展示!让更多来自各地的朋友了解广州大学、喜爱广州大学!

(6)突发事件处理与保障措施齐备。在我院学生导游多次帮助中山大学进行讲解的过程中,我们在借鉴中山大学大学城接待游处理方案的基础上,对突发事件处理与保障措施进行了更深的改良(附:安全保障工作细则)。因此,我们希望能得到学校领导的支持,开放广州大学校园。我们相信,我们一定能出色、圆满地完成该实践活动。

作为旅游管理专业的学生，我们希望在往后的日子里，在学校的关怀下，让更多的人了解广州大学的同时，也能获得更多的学习实践机会！

此致

敬礼

申请人：大学城广之旅实验旅行社

2009 年 3 月 20 日

附件 2　实验旅行社 2009—2010 学年度业务总结

2009—2010 学年,实验旅行社在组团业务、大学城地接等方面都取得了较好的成绩。

1）旅游出团

本学年,旅游出团数量大幅上涨,共出团 16 次,营业额上涨约 500%。

附表 1　大学城实验旅行社 2009—2010 学年出团汇总

编号	时　间	路　线	客　人	销售	产　设	利润/元	出　纳
1	10 月 1 日	广州 1 日游	中大研究生	陈雅芝	姚秋林	200	区美娟
2	10 月 17—18 日	闸坡 2 日游	广药大学城大四毕业游	张美红、梁慧娟	陈雅芝	202	区美娟
3	10 月 31 日—11 月 1 日	长兴乐园 2 日游	广州大学班级游	姚秋林、梁慧娟	姚秋林	570	区美娟
4	11 月 14—15 日	闸坡 2 日游	广工学生	梁慧娟	陈雅芝	202	区美娟
5	11 月 28 日	澳门自由行（2 人）	广大学生	区杏娴	姚秋林	14	区美娟
6	11 月 17 日	订车（53 座江门）	蔡卓妍 fans 团（看表演）	区杏娴	姚秋林	165	区美娟
7	12 月 6 日	温泉（2 人）	雅芝朋友	雅芝	姚秋林	34	区美娟
8	12 月 6 日	澳门自由行（2 人）	广大学生	Sunny	谭韵	14	区美娟
9	12 月 6 日	澳门自由行（2 人）	广大学生	钟籽聪	高雄斌	14	区美娟
10	4 月 9 日	长兴乐园 1 日游	孔建华（外国语）	Juno	吴佳琪	257.4	区美娟
11	4 月 18 日	长鹿农庄 1 日游	甘英文等 4 人	Juno、区杏娴	谭韵	625.3	区美娟

续表

编号	时　间	路　线	客　人	销　售	产　设	利润/元	出　纳
12	4月25日	长鹿农庄1日游	陈小平	Juno	吴佳琪	21.4	区美娟
13	5月3日	澳门自由人1日游	广工3人	区J	谭韵	75	区美娟
14	5月8日	清远古龙峡1日游	广工6人	区J	番茄、啊金	72.8	区美娟
15	5月15日	闸坡自由人2日游	廖冰2人	区J	番茄	18.2	区美娟
16	5月31日	长鹿农庄1日游	朱金平	Juno	高雄斌	202.2	区美娟
合计	出团数量	16	利润总计		2 687.3		

2）地接团

本学年,大型地接团数量减少,小型地接团数量增多。大学城地接共接待旅游团 27 个,168 人参与接待,接待质量显著提升,广受好评。

附表2　2009—2010 学年大学城地接团汇总

活动日期	接待名称	部　门	人　次	备　注
2009.9.25	广州市新疆班学生游览大学城	导游社	19	
2009.11.18	东莞学生团	导游社	16	
2009.11.28	高三学生游广大	接待部、导游社	13	
2009.11.28	外国语学院户外党课	导游社	4	
2009.12.12	校长亲友团	导游社	1	
2009.12.15	中科院院士团	导游社	1	
2009.12.17	旅游学院校友	导游社	4	
2009.12.18	云南民族大学	导游社	1	

活动日期	接待名称	部　门	人　次	备　注
2009.12.22	人文学院专家团	导游社	4	
2010.3.25	澳门交流团	导游社	2	
2010.3.28	东莞学生团	导游社	5	
2010.4.14	"泛珠三角"领导团	导游社	3	
2010.4.24	顺德团	导游社	3	
2010.4.25	云安、云硫中学交流团	导游社	8	
2010.5.9	香港青年交流团	导游社	9	
2010.5.11	英德学生团	导游社	1	
2010.5.14	管委会作家团	导游社	1	
2010.5.20	非洲外事团	导游社	1	
2010.5.25	中央到亚运村考察领导团	导游社	3	
2010.5.26	全国秘书长领导团	导游社	2	
2010.5.26	安徽领导团	导游社	1	
2010.6.7	新疆经贸团	导游社	2	
2010.6.7	四川某学校领导团	导游社	1	
2010.6.8	贵州领导团	导游社	1	
2010.6.14	香港领导团	导游社	1	
2010.6.17	省教育厅领导团	导游社	1	
2010.6.20	高校宣传日接待	导游社、学院党支部	60	

合计出团数量 27 个，接待工作 168 次。

3）保险业务的开展

本学年，实验旅行社加强了保险业务的开展，为学校、学院及各旅游团体购买旅游保险，获得一定收益。

4）2009 InterLoir 葡萄酒品鉴培训会

历经 3 个月的筹备和组织，该活动专项小组成员在学院多位老师指导下，从立项、开展市场调查、确定目标市场、进行广泛宣传、选择酒店、预算、拟订方案到销售，成员们最终完成该项活动的策划，并成功邀请到了广州文化假日酒店及红酒直通车等企业的参与和赞助。虽然最终因为销售不够理想，该项目终止了，但是，小组成员们仍在此次策划中学习到项目管理、商务谈判、葡萄酒等方面的知识。

5）连南大学生深度体验游

这次体验游是一次成功的活动，它的成行，倾注了实验旅行社全体成员的努力。此次活动主要分以下几个阶段：

前期准备阶段。寒假期间（1 月 19—21 日）进行初次踩点，构思活动的主要方向和形式。各组别分工进行方案构思以及撰写—汇总、整合方案—落实方案内容。

营销洽谈阶段。在学院的支持下，第二次踩点（4 月 1 日）顺利完成，接着开展前期宣传与合作方洽谈，报名事项以及物资准备等工作。之后是锁定目标客源市场，加大宣传。

大型宣传活动（5 月 22 日）阶段。历时 4 个多月，活动在学院、连南县旅游局、广之旅、概念户外和广州大学摄影协会等机构的支持下顺利完成，并达到了我们最初筹备活动宣传连南、品味连南，宣传实验旅行社、旅游学院和锻炼同学们组织策划合作能力等的目的。也为实验旅行社今后开展同类型的活动开创了先河。

附件 3　2010 年连南大学生深度体验游策划方案

来自广东省最淳朴村落的请柬"今夜星光灿烂"——连南大学生深度体验游

"我们是五月的花海，用青春拥抱时代"

五月，一个属于大学生的季节。在这个美好的日子里，广州大学旅游学院大学城实验旅行社携手连南旅游局，将在被誉为"原始记忆，千年淳朴"的连南瑶族自治县，上演一出"浪漫童话剧"，飞扬的你，希望成为以下场景的主人公么？

场景一：[大巴车上] 载满了年轻的心，一路向北，高速路上，粤北的秀美山水扑面而来，我们歌唱，我们欢笑……

场景二：[连南油岭瑶寨] 我们将在村庄扎下营帐，点燃篝火，与瑶族"歌王"一起歌唱，与"舞王"一起舞蹈，而抬头，满眼都是夜空中的灿烂星光哦……

场景三：[万山朝王] 站在高处远望，连绵的群山，如海般地朝向它们的"王山"，亘古未变！大山为凭，请它见证我们的友情和爱情……

第一，活动背景及意义

连南瑶族自治县位于广东省西北部，是一块充满神奇色彩的瑶族聚居区。连绵百里的崇山峻岭中，到处是瑶家村寨，故连南有"百里瑶山"之称。据考证，连南的瑶族文化已有近千年的历史。她们的建筑、服饰、节庆、习俗……都值得我们细细品味，让我们一同步入瑶山，一同感受来自千年古寨的瑶情与瑶韵吧。

恰逢"五四"青年节之际，连南县旅游局携手广之旅、大学城实验旅行社、广州大学摄影协会、旅游协会、自行车协会、定向越野协会，组织广州大学城的大学生们一同探访远离尘嚣、返璞归真的千年古瑶寨。在一项项富有民族色彩的活动中，感悟连南，品味连南。

第二，活动概述

- 活动名称:连南大学生深度体验活动
- 活动主题:连南的夜空星光灿烂
- 活动时间:2010 年 5 月 8—9 日
- 活动地点:清远市连南瑶族自治县
- 主办单位:连南县旅游局

            广州大学旅游学院(中法旅游学院)

            广州广之旅国际旅行社

            大学城实验旅行社

- 活动对象:广州市在校大学生
- 主要活动:本次活动以摄影、写作和寻宝三个比赛为主线,分别为:

①"梦回·连南"征文大赛。

以年轻的视野撞击千年的古朴,以青春的热情感受民族的韵味……渲染连南,激扬文字,语不惊人死不休……

②"定格·连南"摄影大赛。

瑶山、涡水、盘瓠、瑶裙……一幅幅画、一声声情、一次次欢声笑语,用一双慧眼捕捉下这瞬间的永恒。

③"玩转·连南"寻宝大赛。

依山傍险八排瑶,欲觅珍奇遍山寻。雾里寻宝知何处,神仙鸡鸭新娘舞。

第三，相关活动策划

1)游览行程

第一天　广州—连南;宿 油岭（帐篷）

早上 7:30 从广州大学城出发,约 11:30 抵达连南县南岗瑶寨景区。

在公社食堂吃午餐。

13:00 游览南岗瑶寨。

①身穿瑶族服饰的瑶家人递上一碗糯米酒,让你细品瑶乡情;

②有趣的寻宝比赛在这里开展;

③美丽的瑶族服饰、瑶民身影、生活画面都让摄影师无法停下拍摄的脚步。

17:30 在南岗瑶寨公社食堂享用特色瑶家风味餐。

18:30 前往油岭,在耍歌堂扎营,并参加瑶族篝火晚会——"连南的夜空星光灿烂"。

①幽静的山岭、氤氲的夜幕、神秘的瑶寨……晚会让您欣赏瑶族风俗的民间歌舞的同时,还可与瑶家"沙腰妹"及"阿贵"手挽手,一起同歌共舞,亲身体验瑶家人的热情与古朴。此外,还有我们精心策划的一系列活动,与倾心挚友同欢尽兴,寻找人海中的那一个 TA,度过一个不一样的难忘的连南之夜。

②晚会结束,自由活动。或漫步于山林,或谈心于篝火旁,抑或于天地间数星星……

第二天　连南—广州

9:00 出发,继续畅玩连南,推荐从油岭攀登而上,继续探寻神秘的瑶寨传说。

幢幢瑶寨的房屋,村子依山而建,高低错落。走在陡峭的石路上,走进瑶寨,感受历史底蕴深厚的文化艺术,迸发思古之幽情。

我们,用眼睛发现瑶族风情美,或拍摄动人画面,或在山间的宁静中寻找写作灵感……

12:00 到达"万山朝王"观景亭。

眺望远方,大山谷扑面而来,谷中春笋般的峰峦环拱,护卫着有王者之气的主峰,如君临帅台、点兵阅将。

12:45 返回三江镇自行午餐。

14:30 出发返回广州大学城。

2)"梦回连南"征文大赛

征文主题:星空·瑶情 梦回·连南

比赛规则：

①征文以连南风情为主，题材不限。

②参赛者在活动结束后两周内上交参赛作品至广州大学文俊东楼 310（大学城实验旅行社）或将电子版发送到指定电子邮箱，作品注明个人相关信息和报名编号。经专家评审后，公布结果，颁奖。

奖项设置：

①一等奖（1 名）

②二等奖（2 名）

③三等奖（3 名）

④最具感染力奖（1 名）、最具人气奖（1 名）、最佳创新奖（1 名）

3）"定格连南"摄影大赛

摄影主题：定格连南　瑶山丽水皆入镜

投稿要求：

①作品为连南地区精美自然风光或人文景观图片。

②参赛者必须为广州大学在校学生。

③参赛作品均为单幅作品，每位参赛者上交作品不多于 8 幅，作品使用 word 文档简短介绍，辅助说明作品。色彩表现方式不限，要求内容健康向上，能体现个人出众的摄影技术。

④为确保活动公平性，所有参赛作品必须为参赛者的原创。

投稿方式：

参赛者于 5 月 20 日前上交参赛作品（必须为电子版 RAR 文件包）到广州大学文俊东楼 310（大学城实验旅行社）或发送到电子邮箱＊＊＊@qq.com，作品注明个人所属学院、学号、姓名、电话。

奖项设置：

①单幅作品一、二、三等奖（各 1 名）。

②评选最具感染力作品（1 名），最具创意作品（1 名），优秀摄影师（3 名）。

③以上奖项可重复获得,互不冲突。

评奖规则:

评审人员将从作品画面主题、视觉美感、故事性、创意性方面进行评分,最终评出最高分的作品。获奖公布时间为 2010 年 5 月 27 日。

4)"玩转连南"寻宝大赛

活动主题:玩转连南,瑶韵飘自深寨来

比赛规则:

本活动以小组(3 个小组,每组 6~10 人,视参加人数而定)为单位,每组设 6 个(或以上,视参赛人数而定)关卡(有担木、问答、捉鸡、刺绣、穿衣、背新娘、跳舞等活动),每个小组完成每个关卡活动后均可获得下一个关卡地点的照片和提示。最终到达游戏指定目的地且时间最短者视为胜利。

活动报名时间:4 月 1—20 日

奖项设置:

(1)团队优胜奖

一等奖(1 个队伍)

二等奖(2 个队伍)

三等奖(2 个队伍)

(2)合作团队奖(1 个队伍)

第四,现场管理

1)"玩转连南"寻宝大赛

(1)比赛提示

本活动以小组(3 个小组,每组 6~10 人,视参加人数而定)为单位,每组需经过"拼凑连南"与"体现连南"两个环节,最终到达最高点——盘古王寺庙。用时最短的小组视为胜利。

每组在比赛开始之前安排组员相应的身份,组员身份只有自己知道,不能向别人透露。

（2）角色介绍

每一组有三种角色：队长、队员、卧底。

（3）拼凑连南

这是寻宝活动的第一个环节。目标是把散落在瑶寨各处的5张图片碎片找到，然后拼成一个完整的画面，了解目的地的位置，到达目的地后，整队人拍一张大合照，然后继续下一个环节。

（4）体现连南

这是寻宝活动的第二个环节。队长带领队员完成相关关卡后，然后以最快的速度到达盘古王庙，最后再照一张大合照，用时最短者视为胜利。

2）"拼凑连南"流程与详细介绍

①以抽签的形式分组。共有30张写有A、B、C字母各10张的字条，抽到相同字母的人为一组。

②抽签形式决定谁是卧底。

③发给每组一幅地图（需要再次到连南考察并决定线路后再制作）、指南针、关卡纸，由工作人员告之关卡位置。然后每个队伍可得到8张不同地方的图片，图片背后也有该地的相关信息。而其中只有5张图片的地方是真实目的地图片的碎片，其余3张都是没有信息的。而卧底会被工作人员告知图片信息的真假。

④每个队伍开始寻找目的地信息。藏目的地图片碎片有两个方式。一是"寻宝"，碎片藏在房子难以察觉的角落，需要参赛者寻找；二是"挑战"，碎片位置明显，但是获得碎片有一定的难度，需要队员的合作。例如将碎片挂在很高的树上，放在鸡群里，放在狗群里等。

⑤当队伍把目的地的面貌拼凑出来后（或者在得到几份碎片后猜到目的地后），到达特定目的地，全体队员拍一张大合照。

⑥由队长主持卧底处理的活动。

3)"体现连南"流程与关卡设计

①完成关卡一,在关卡纸上盖上印花;

②完成关卡二,在关卡纸上盖上印花;

③完成关卡三,在关卡纸上盖上印花;

④完成关卡四,在关卡纸上盖上印花;

⑤在队长的带领下,到达盘古王庙,拍大合照,结束计时。

问答:本关卡的任务是回答一些关于连南和瑶族的知识。工作人员问问题,然后小组推选两位组员作为回答问题者,回答者有两次咨询其他组员的机会。除了使用咨询机会外,其余时间回答者以外的组员均不得提示,否则该题作废。回答者必须要答对10题才可以通过该关卡,否则问答会一直继续。(因为每组都会分到这个关卡,由于有卧底,所以每组的问题都不能相同。必须准备大量题目)

刺绣:连南瑶族的刺绣精致漂亮。本关卡任务是需要跟一位瑶族女子学习刺绣针法,并且绣出一个指定的简单图案。每组选派两位参加,只要其中一份作品能达到一定水准就能通过,否则重新再绣。评分方法:由瑶族女子和现场的两位工作人员进行评分,如果其中有两人认为合格,则该组员的刺绣合格。(本环节为每条路线都设计的关卡,不同的路线会安排不同的图案。)

穿衣:瑶族人服式特别,穿着讲究。本关卡需要一男一女2名队员参加,用3分钟的时间观察已经穿好地道瑶族服装的人,时间一到便不能再观察。然后用4分钟的时间照着穿衣,之后由瑶族人评比,如果正确率低于80%,则重复以上过程,直到过关为止。

跳舞:连南瑶族是一个善于跳舞的民族,他们的舞蹈充满着独特的民族风情和自然淳朴的味道。本关卡需要每队派出2名队员,瑶族人会完整地跳一次他们的舞蹈,队员有3分钟的时间问跳舞的细节问题,工作人员在旁计时,一旦时间已到,就不能再发问。参赛队员经过2分钟的准备后开始跳舞,旁边专业的瑶族同胞会进行评比,认为可以则过关,否则重复上述过程(本环节为每条线路都设计的关卡,不同的线路会安排不同的舞蹈。)

4)路线详解

(1)"拼凑连南"路线

A队走A线,A线(蓝色)特定目的地是A处的"龙头";

B队走B线,B线(红色)特定目的地是B处的"瑶练屋";

C队走C线,C先(黄色)特定目的地是C处的"古石棺"。

(2)"体现连南"路线

＊每队都由D线(紫色)到达龙头,并在龙头通过关卡;

＊完成关卡后,每队都由E线,到达盘古庙。

5)奖项设置

比赛结束后的当晚,对获胜小组进行颁奖。获胜小组的所有成员(包括卧底)均可获得奖牌和精美的奖品,其他的小组组员也可以获得特色纪念品一份。同时还会有一个最佳卧底奖,获奖者必须是最晚被识破身份的卧底,同时该卧底所在的组(他必须阻碍的组)不能是得胜组。最佳卧底会得到奖牌和礼物。

第五,宣传方案

1)宣传目的

发现连南的旅游资源,了解瑶族的风情文化。

对广州大学旅游学院以及大学城实验旅行社进行大范围的宣传。

加强大学城各高校的联系,促进大学生之间的交流。

2)宣传时间

附表3　连南深度游宣传时间安排

宣传阶段	宣传时间	宣传范围
前期	3月31日—4月5日	大学城
中期	4月6日	广州大学
后期	连南活动结束后	广州大学商业中心

3）各阶段宣传详情

（1）前期

利用网络针对各高校的论坛和重点协会进行宣传。

宣传资料：①口号；

②活动时间、地点；

③活动简要内容（包含：主要景点和三大活动）；

④活动费用；

⑤活动宣传摊位（时间和地点）；

⑥活动联系人（基本信息）；

⑦其他。

具体操作：①销售部全体成员通过各种方式与各高校重点协会（摄影、定向越野等）负责人取得联系，并把活动详细资料发给对方参考；

②在各高校论坛发宣传帖；

③在广州大学校园内明显地方张贴宣传活动倒数牌，增加活动宣传的时间跨度，吸引更多的人留意宣传活动。

（2）中期

在广大红棉路设置摊位，利用图片展及游戏吸引客人，宣传连南活动。

活动形式：①设点摆摊；

②流动人员派发宣传单；

③摊位游戏；

④连南相片、服装、音乐展示。

实施准备：

①线路宣传片。宣传片要浓缩连南瑶族风俗文化的精髓，可以《瑶族舞曲》作为背景音乐（也可以改编《北京欢迎你》歌词，以《连南欢迎你》作背景音乐及宣传片名称），也可以加入我们旅行社关于连南的一些创意表演或者去连南考查的一些心得体会、照片，从而以实景吸引同学参团。

②制作连南旅游全攻略传单。内容涵盖连南地图、旅游景点地图，加入各论坛对连南旅游的经典评价，以及连南比较好玩的地方、特色风味，还可以加入

连南瑶族的一些传统文化介绍。

活动当日：

流动派单，摊位展示，摄影展示讲解，摊位游戏，旅游咨询。

中期宣传形式：

派发宣传单，拉横幅，摊位游戏，摄影展。

（3）后期

相关工作人员跟进有兴趣的同学；根据摊位宣传效果进行后续宣传或扩大宣传范围至整个大学城；开展其他宣传。

第六，赞助方案

结合多方面因素，本次活动的赞助分为实物赞助、冠名赞助及其他相关赞助三个方面。

附表 4　连南深度游赞助内容一览表

赞助类别	赞助物品	用　途	数量/金额	备　注
实物赞助	45 或 50 座旅游大巴	接送参赛者、工作人员往返连南	视活动参与人数而定	
	帐篷（野外夜宿用）	有助于参赛者、工作人员体验连南，增加仰望夜空的乐趣	视活动参与人数而定	
	帐篷（非住宿用，四角不密封）	"玩转连南"寻宝大赛各小项目工作人员用；参赛者休息用	视活动参与人数而定	
	现金或等价旅游券	各项比赛奖品	一等奖一份二等奖两份三等奖三份（摄影大赛一、二、三等奖各一份）	
	特色旅游纪念品	各项目单项奖	20 份	

续表

赞助类别	赞助物品	用 途	数量/金额	备 注
冠名赞助	大赛总冠名赞助		待定	
	摄影、征文、寻宝活动冠名赞助		待定	
其他赞助	全程媒体赞助			分前、中、后期三段时间的赞助

第七，费用预算

附表 5 连南深度游费用预算

固定成本				
序 号	项 目	人 数	单价/元	总额/元
1	篝火晚会	50	10	500
2	宣传费	50	10	500
3	交通费	50	41.2	2 060
	总额		61.2	3 060
可变成本				
1	景区门票	50	30	1 500
2	餐费	70	70	4 900
3	住宿	70	20	1 400
4	保险	70	1.4	98
	总额		121.4	7 898

保本人数＝固定支出/（费用–每人的可变支出）

$$＝3\ 060/（180-121.4）$$

$$＝52.218\ 43$$

每人费用＝（固定成本+可变成本+不可预见费用）/ 预计参会人数

$$＝（3\ 060+7\ 898）/50$$

$$＝219.16$$

第八，风险管理及相关活动建议

1）突发事件处理原则

①以人为本，救援第一。在处理旅游突发公共事件中以保障旅游者生命安全为根本原则，尽一切可能为旅游者提供救援、救助。

②属地救护，就近处置。在当地党委、政府统一领导下，联系好各有关部门，紧密配合，共同做好应急救援工作。运用一切力量，力争在最短时间内将危害和损失降到最低程度。

③及时报告，信息畅通。组成各联系小组，分层汇报。立刻联系连南旅游主管部门，在第一时间向同级政府和市旅游局报告，或边救援边报告。

2）前期工作

①首先，由工作人员组成紧急救援小组。小组成员要密切注意情况，随时留意突发事件。

②工作人员除了有良好的身体素质外，还要掌握一定的急救知识。可以联系红十字会的培训部，合作提升救援能力。也可以尝试和他们合作搞活动，然后请他们派相关工作人员参加活动。

③出发前一定要清楚连南各级政府旅游等相关部门的职能，提前确保联系方式准确无误，以便在第一时间联络并汇报情况。

3）分工合作

①确定救援小组的负责人，确认各小组成员的联系方式。

②确认连南的所有救援电话。

③准备好基本医疗物品。如果是小摔伤或者蚊虫叮咬，可以当场处理。

④分析好各种情况，哪些可以自己处理，哪些要报备找连南当地的部门并寻求救援。

第九，关于连南活动中相关问题的处理方法及建议

大学城实验旅行社携手连南县旅游局，拟于 2010 年 5 月 8—9 日，在连南县举办"今夜星光灿烂"——大学生连南深度体验游。该活动涉及较多与当地居民沟通、食宿等问题。为使活动顺利举办，现提出处理建议如下：

1）饮食

第一天晚餐：

处理方法一（建议使用）：请油岭新村村民做农家菜，在耍歌堂用餐；给村民一定费用，不求美味丰盛，但求特色、饱食。

成本：食物费用+食品加工费。

建议价格：180 元／桌，6~7 桌。

优势：可以品尝到当地菜品，增加活动趣味性。同时促进和当地居民的沟通交流，增加当地居民收入。

劣势：一定程度上会打扰当地村民。

建议处理：请连南旅游局联系当地村委会沟通。

处理方法二：千年瑶寨公社食堂用团餐。

成本：15×（50+20）元＝1 050 元。

优势：简单、易操作。

劣势：午饭拟在公社食堂食用，晚餐再次食用。

第二天早餐：

处理方法：请油岭新村村民做早餐，在耍歌堂用餐；给予村民一定费用。

成本：食物费用+食品加工费，建议价格：80 元／桌，6~7 桌。

优势：可以品尝到当地菜品，增加活动趣味性。同时促进和当地居民的沟通交流，增加当地居民收入。

劣势：打扰当地村民。

建议处理：请连南旅游局联系当地村委会沟通。

2）住

处理方法：在耍歌堂扎营。

成本：露营成本。

涉及问题：安全问题、洗漱问题。

另：本次活动有司机 2 名，是否可安排在油岭新村住宿？可给予村民一定住宿费。

3）洗漱

处理方法：请油岭新村村民烧热水，提供洗漱环境；给予村民一定费用。

成本：水费+人工费，建议价格：5 元/人。

优势：节省时间，促进与当地居民的接触交流。增加当地居民收入。

劣势：一定程度上打扰当地村民。

建议处理：请连南旅游局联系当地村委会沟通配合。

附件4　关于举行 2012 届竞选工作的通知

旅游学院各位同学：

大学城广之旅实验旅行社（以下简称实验旅行社）正处于平稳发展阶段，为了保持良好的发展势头，需选拔具有组织和领导能力的管理人员。实验旅行社将于 2012 年 6 月份举办第八届总经理层及部门经理换届选举，现向旅游学院全体同学发起招募。如果您对模拟企业经营工作感兴趣并具备相关的能力，诚挚邀请您加入实验旅行社！

具体报名事项如下：

1）报名条件

①旅游学院大一至大三的学生；

②责任心强，具有一定的自主创新能力和组织领导能力；

③思想端正，作风正派，成绩优良，没有受过处分。

2）报名方式

大学城广之旅实验旅行社第八届总经理层及部门经理选举在 2012 年 5 月 9—22 日接受报名，请将填写完整的报名申请表于 2012 年 5 月 22 日下午 3：30 前交到文俊东楼 310 办公室，并将电子版发送至实验旅行社邮箱。

3）竞选时间地点

2012 年 6 月 5 日，文俊东楼 310 办公室。

4）竞选流程

换届竞选包括笔试和面试两部分，相关安排如下：

①5 月 22 日前，提交报名申请表。

②5 月 23 日，举办笔试和选举说明会。

③6 月 5 日，面试，由学院领导、大学城广之旅实验旅行社指导老师、前总经

理层及现任总经理层担任面试官。形式:第一,参选人分为3~4人的小队,每人进行简短介绍,内容包括自我介绍以及对所竞选职位的认识,要求自行制作PPT。第二,以小组形式进行知识和应急能力问答。

④最终结果将在一周后公布。

5)各岗位设置及职责

• 总经理一名:全面负责实验旅行社的经营和管理,制定经营战略,与外界保持良好关系。

能力要求:有创业的激情,具有战略性思维、强烈的责任感和团队精神,熟悉旅行社业务运作,具有较强的统筹管理和沟通协调能力,有较丰富的社会阅历。

• 总经理助理一名:主要协助总经理做好旅行社内部各项工作的协调,工作进度的控制;加强实验旅行社内部建设,协调各部门之间关系,促进部门间合作;加强与工作人员的沟通,了解他们对工作的意见或建议等。

能力要求:性格开朗,有良好的语言沟通能力,较好的组织活动能力,对人力资源及制度规范管理有一定的认识,有强烈的责任感和团队精神,写作能力强,具有一定的策划和沟通协调能力。

• 副总经理(兼任人力总监)一名:积极配合总经理的工作,主要负责旅行社财务统筹及规章制度的制订和管理。

能力要求:有严谨的工作态度,强烈的责任感和团队精神。具有一定的财务管理知识、组织策划和沟通协调能力,社会交往能力强。有社团工作经验者优先考虑。

• 副总经理(兼任接待总监)一名:积极配合总经理的工作,主要负责大学城旅游业务及监管悠游坊会员活动的开展。

能力要求:熟悉旅游社业务的具体操作,有强烈的责任感和团队精神,市场意识强,有一定的组织能力和管理能力,具有较强的沟通协调能力和一定的谈判技巧。熟悉大学城及周边旅游资源者优先考虑。

• 副总经理(兼任业务总监)一名:积极配合总经理的工作,主要负责班级包团、包车以及旅游产品销售等各项业务。

能力要求:熟悉旅游社业务的具体操作,有强烈的责任感和团队精神,市场意识强。具备较强的计划力、执行力、组织协调及沟通能力,能承受较强的工作压力,懂得一定的谈判技巧。有销售经验者优先考虑。

• 人力资源部经理两名:负责制订旅行社人员招聘、培训及发展计划,考核绩效,整理旅行社内部资料及协助副总经理进行财务管理,加强工作人员间的沟通交流,了解他们对工作的意见或建议等。

能力要求:对人力资源及制度规范管理有一定的认识,有强烈的责任感和团队精神,写作能力强,具有一定的沟通协调能力,熟悉计算机操作。

• 市场销售部经理两名:积极配合副总经理的工作,主要负责班级包团、包车以及旅游产品销售等各项业务;建立旅行社营销网络。

能力要求:熟悉旅行社业务的具体操作,有强烈的责任感和团队精神,市场意识强,具有较强沟通协调能力、业务开拓能力及较强的管理能力。懂得一定的谈判技巧。

• 产品设计部经理两名:积极配合副总经理的工作,负责旅游线路设计及包装,与市场销售部密切沟通,对旅游产品有较深刻的认识。

能力要求:熟悉旅游业务的具体操作,对景点采购程序较为熟悉;有较好的沟通能力、高度的工作责任心和工作热情;具有较强的创新能力。有导游证并且有带团经验者优先考虑。

• 宣传策划部经理两名:积极配合副总经理的工作,做好旅行社整体形象宣传和本社产品的包装宣传。

能力要求:性格开朗,思维敏捷,有高度的工作责任心和工作热情。有较强的创新能力及文书策划能力,熟悉计算机操作及办公软件运用,尤其是对 PS 程序较为熟悉,熟悉网站架构;了解市场动态和大学生消费心理。

• 悠游坊经理两名:积极配合副总经理的工作,保持旅行社与会员之间的联系,组织悠游坊的活动,通过活动宣传实验旅行社的良好形象。

能力要求:性格开朗,有强烈的责任感和团队精神、良好的语言沟通能力、较好的组织活动能力;对旅游景点有一定的认识。

● 接待部经理两名:积极配合副总经理的工作,主要负责导游社各讲解小队工作及大学城地接业务,负责导游培训及整合、团体接待、内部管理等。

能力要求:熟悉团体接待的程序,性格开朗,有较强的语言沟通能力、高度的工作责任心和工作热情、良好的团队合作精神和管理能力,以及较强的观察力、应变能力、语言和文字表达能力。有导游社讲解小队工作经验者优先考虑。

● 导游社社长一名:统筹与把握导游社的整体发展方向,对导游社一年的发展做出详细的规划。

能力要求:熟悉大学城地接资源分配情况,能够及时规范并完善导游社的规章制度,督促落实导游社的常规工作,并且指导、协调其他管理层的工作。

● 导游社副社长一名:主要领导精英培训队开展日常培训与管理工作,安排精英培训队的日常接待工作。统筹旅游学院精英导游资源,完善旅游学院导游人才库。

能力要求:积极配合社长工作,制定完整的培训计划;指导精英培训队成员共同做好导游社各小队的初级导游技能培训,负责精英导游的高级能力培训工作。

● 导游社策划部长一名:在社长的指导下对导游社一年的发展进行规划,负责策划与组织导游社的全部活动,包括导游社对外举办的活动,以及导游社内部的福利活动等。指导并参与大学城队、余荫山房队的小队建设与管理。

能力要求:有强烈的团队精神和创新精神,较好的组织能力。

● 导游社联络部长一名:负责导游社的常规联络工作,组织各小队队长与官方的常规联系。积极寻求导游社与其他对外机构、组织、学校的联系与合作。

指导并参与广州中山纪念堂队、广州陈家祠队的建设与管理。

能力要求：有良好的团队精神、奉献精神和沟通能力。

• 导游社内务部长一名：负责旅游学院导游人才库的更新与管理，充实完善导游社的制度，并且负责导游社各小队成员每学期的馆方讲解出勤统计。指导并参与南博队、广博队、艺博队的建设与管理。

能力要求：对制度有一定的认识，熟悉各种统计表的使用。有良好的沟通协调能力和团队精神。

大学城广之旅实验旅行社

2012 年 5 月 9 日

附件 5 2012 年实验旅行社换届竞选活动策划书

1）参与人员

大学城广之旅实验旅行社全体成员。

2）时间及地点

笔试:2012 年 5 月 28 日晚 19:00 文俊东楼 310 办公室。

面试:2012 年 6 月 5 日星期二下午 13:15—17:00 大课室。

3）竞选岗位

总经理	一名
总经理助理	一名
副总经理(兼任人力总监)	一名
副总经理(兼任接待总监)	一名
副总经理(兼任业务总监)	一名
人力资源部经理	两名
市场销售部经理	两名
产品设计部经理	两名
宣传策划部经理	两名
悠游坊经理	两名
接待部经理	两名
导游社社长	一名
导游社副社长	一名
导游社策划部长	一名
导游社联络部长	一名
导游社内务部长	一名

4）流程

（1）笔试 & 竞选说明会

当天晚上 18：30 在文俊东楼 310 办公室开始答题。

交卷后要进行抽签（确定面试顺序），首先由人力经理代表部门抽签，获得部门竞选顺序。例如抽到第一个是人力资源部，那么面试时竞选人力资源部的人员便先进行竞选，以此类推；然后由每个人抽签，抽取自己在所竞选部门的出场顺序。

人力资源部总监刘青霞主持会议，介绍竞选岗位职责、面试当天流程、竞选PPT 要求等。

（2）面试及演讲

12：30 工作人员（人力部、宣传部）到场布置场地；

13：00—13：15 播放暖场音乐；

13：15—13：30 入场；

13：30 指导老师及评委（总经理层）、嘉宾到场后，主持人宣布换届选举开始；

13：30—13：45 老师以及总经理发言；

13：45—16：45 面试及演讲。

按之前笔试抽签的顺序进行面试。流程顺序是【人力部】—【悠游坊】—【总经理层】—【导游社】—【市销部】—【产设部】—【接待部】。每个竞选部门内部按之前分好的顺序出场。面试分为两个环节，3 分钟自我介绍环节（PPT）和 2 分钟答辩环节。每个环节工作人员计时，并举牌示意。

16：45 主持人宣布竞选结束，一周后公布结果。

5）座位安排

由人力资源部现场安排。

6）物资准备

略。

7）人员安排

略。

8）其他

①通知竞选者面试时间并提前 15 分钟即 13:15 到达现场。

②面试演讲的 PPT 最迟 6 月 1 日需上交到人力资源部经理处。竞选人员面试当天携带 U 盘,每个 PPT 逐一检查看能否正常打开。

③面试开始前的暖场音乐由人力资源部提供。

④"还剩 30 秒""时间到"的牌子,由宣策部制作,笔试在 310 办公室完成。

⑤主要材料:换届通知、报名表、竞选签到表、各部门笔试题目、评分表、邀请函。

附件6　2012年9月招新员工活动

2012年9月17—18日,实验旅行社在广州大学文俊东楼310办公室举行新一届旅行社干事招聘会,经过面试、自我展示等环节,确定了新一届干事名单。以下为活动照片。

附图1　招新报名现场咨询会

附图2　接待部面试新干事

附件7 2012—2013 学年度实验旅行社工作计划

1）发展方向

对内：1.以培养"专业,创新"的员工为目标,提升员工的专业技能与锻炼创新思维;2.推进以"团结,温馨,高效,创新"为主题的企业文化建设。

对外：1.加强对外合作与宣传,提高实验旅行社知名度,争取更多资源;2.树立实验旅行社年轻、活力、个性化的品牌形象。

2）计划安排

附表6 2012—2013 学年度工作计划

学 期	时 间	内 容
上学期	9 月	9 月 8 日新生开学日"迎新生,游广大"校园活动
		实验旅行社招新宣传,各部门面试招新,确定新一届干事名单
	10 月	实验旅行社第一次全体大会暨企业管理创新班开班
		各部门新干事培训,熟悉各部门工作
		邀请老师讲授"旅行社经营管理"课程
	11 月	冬季旅游咨询摆摊以及实验旅行社王牌线路"澳门一日游"本学期第一次出团
		邀请老师讲授"产品宣传推广"课程
		准备下学期实验旅行社年度主题游活动
	12 月	邀请老师讲授"旅游资源开发与线路设计"课程
		"澳门一日游"本学期第二次出团
		本学期最后一次全体总结大会

续表

学　期	时　间	内　容
下学期	2 月	准备春季旅游咨询摆摊活动
	3 月	春季旅游咨询摆摊活动
		主题游线路踩点以及线路修改
		邀请老师讲授"企业人力资源管理"课程
	4 月	员工福利晚会
		准备主题游摆摊活动
	5 月	年度主题游摆摊推广活动以及正式出团
	6 月	实验旅行社管理层换届

3）各部门发展计划

市场销售部：

①进一步开展市场调研。在上一年的旅行社运营中，虽然有开展市场调研工作，但没有形成调研报告。通过市场调研，市场销售部可以进一步细分市场，找出不同客户群体（如按性别、专业分类等）的旅游消费心理，把握客户需求，定制产品。

②积极寻求合作。通过旅游市场调查，大致能确定现在的大学生群体总体是喜爱旅游的，影响他们出游的因素主要是费用。在动机上，大部分大学生都喜欢自主出游，积累旅游经验，增长知识、开拓视野，旅行团纯粹的观光型出游对他们已无太大的吸引力。所以在定制旅游产品时，必须要充分考虑目前大学生群体喜欢价格实惠、距离居住地较近、能够增长见闻、喜欢新颖的消费特点，积极寻求多方合作，突出实验旅行社的多样性和自主性。

对内合作，与产品设计部共同开展联合培训，掌握旅游产品咨询的基本技能；为产设部提供市场调研结果，帮助确定旅游产品设计思路；在对接客户时,两名销售部员工搭配一名产设员工,组成相对完整的工作小组。与宣传策划部开展联合培训,提供市场调研结果,帮助宣策部确定不同客户群体的宣传方式,如微博宣传、海报、面对面宣传、为大学生提供福利等的长期式宣传。与接待部开展联合培训或旁听接待部的导游培训。与人力资源部开展360°绩效评估、会议记录、客户资料归档等;严格遵守310办公室的租借、人员轮班的制度等。与悠游坊共同制订精品线路,扩展会员游,但不局限于会员。

对外合作,寻找大学城和广州周边的旅游地点和潜在旅游景点,如草莓园、沙湾古镇、创意园区、沙滩、漂流、温泉等,作为旅行社的旅游开发项目,积极与可合作的商家洽谈。通过网站或面谈争取旅游项目和服务的代理权,包括门票、车票、特色旅店等,为客户提供全面的小包价服务。

③开发和创造旅游市场。由于大学城旅游群体限制出游因素较多,许多潜在客户都处于观望的状态。然而,大学生旅游群体很大,如果开发得好,收益也是巨大的,所以如何开发和创造大学生旅游市场显得尤为重要。从宣传来说,大学生不喜欢普通那套含有虚假夸大的宣传方式,而更喜欢有新意、真实的创意宣传;最重要的是旅游产品,不同大学生的旅游需求不同,应推出专项旅游产品,如修学、体育、探险、生态旅游等。

产品设计部:

①线路的整合。干事每月要整理不同类型的线路,包括每月更新线路。更新的线路要包括对外与对内版,每月25日提交给经理,29日将线路提交给销售部。

②线路资料素材的收集。每个干事每月都要做好素材收集工作,素材来源可以是整合线路时搜索到的资料,也可以是平时看到的一些有关旅游方面的信息。

③线路的设计,包括主题游、部门的线路设计。干事每月都要自己设计一

些新颖的线路,可以从小线路开始设计,例如选择广州周边较热门的地方,设计一些不同主题的线路。之后可以尝试设计省内的一些线路。

④根据销售部反映的情况和客人的需要为他们设计线路。

⑤定期发布线路表,完善线路数据库。

宣传策划部:

①旅行社活动宣传。每次活动以微博、传单等形式在网络、全校发放,力求提高活动的知名度,增加参与人数,扩大旅行社的知名度。此外,还推出"音频"特色宣传。

②旅行社形象推广。经管理层商讨,今年旅行社力求打造家的感觉。在形象推广方面,争取建立属于旅行社的私人电台,把音乐与旅游资讯结合起来。另外,在310办公室贴一些英语、法语短句,方便员工在小憩时能够学习更多外语知识,提高旅行社员工的整体素质,打造旅行社全方位人才。

③活动会场布置。尽量使每次活动的主场(不论是摆摊还是部门与部门之间的联系活动)有温馨的氛围。定期更新旅行社博客,传递旅行社"家"的思想。此外,还要重视环保,每次活动完毕,会场布置物品可以循环再用的都要保存好,以便下次再用,达到环保和节约的目的。

人力资源部:

①做好实验旅行社每个部门的联系工作,了解每个部门存在的问题或者其他情况,调节各个部门的矛盾,并将情况汇报给总经理层。

②做好各种制度的管理和建设,并且督促每一位同事执行。实施奖励和惩罚制度,让实验旅行社有一个正规企业的管理模式。

③将过去和现在的资料进行整理,分门别类,以便同事们随时翻阅和查找。同时,对每次会议做好记录,归入档案。

④做好员工福利,除了一年一度的员工福利活动以外,平常也要关心留意每一个部门的发展动向,把实验旅行社打造成一个温情的企业。

⑤邀请往届管理人员回实验旅行社传授经验,并进行各项技能培训。例如Excel、Photoshop 等软件,及开展管理培训。

接待部:

①接待部经理对新干事进行一次大学城地接培训,让他们对大学城有一个初步印象,同时了解地接业务。

②接待部经理带领新干事们去大学城各个高校踩点,让干事们更好地了解大学城高校的最新情况,熟悉大学城。

③地接业务工作。起草地接方案,设计地接线路、内容,与其他部门合作,共同开展大学城实验旅行社的地接业务。

④与导游社一起开展导游培训,训练一批可以进行大学城地接业务的导游。

悠游坊:

①建立悠游坊的专属微博,通过微博发布旅游资讯;为会员活动做好宣传,提高会员的兴趣;加强悠游坊与会员之间的交流。

②根据会员填写的详细信息表和旅游倾向表,将会员进行分类,向不同类型的会员发布最可能符合他们心意的旅游资讯,旅游资讯尽量写得具体,尽可能把大致价格和活动行程告知会员,使资讯具可行性。在开学初旅游淡季时,发送一些机票优惠价格信息;在夏天,则推送一些有关海滩旅游胜地的介绍等。

③制订新的会员制度,把会员进行分级:没有参加过悠游坊会员活动的会员定为初级会员;参加过 1 次的会员定为中级会员,享受旅行社的优惠服务;参加过 2 次或以上的会员成为永久高级会员,会费无须再续,并享有旅行社所有线路的最高优惠。

④尽量设计行程简单、成本低、可行性强且符合会员需求的会员活动。明年计划推出的会员活动如下:

9月:黄埔古港吃货一日游(作为招揽新会员的免费会员活动)

10月:"舌尖上的大良"——寻找百年大良美食一日游

11月:参观中山小榄菊花展览会(主要营销对象为广州大学菊花协会)

其他的会员活动将根据会员的喜好进行具体设计。

⑤在原有基础上改进和完善员工福利活动和福利晚会。

⑥在招新结束后组织旅行社新成员开展首次员工活动,让新干事感受到旅行社组织的温暖和人文关怀。

导游社:

①对导游提供专业的讲解培训,为合作方提供优秀的讲解人才。在培训活动中,传授导游社队员带团的技巧,应急事件的处理等。

②完善导游社的规章制度。

③从各小队中选出优秀负责的讲解员,经过重点培训,为学院输送高素质的导游资源,做好领导团、外国团的参观接待。

④为了促进小队成员之间的交流与联系,每个月开展固定活动,提高团队凝聚力。

4)培训计划

以培养员工技能,提升员工能力为目的,定期开展培训课程、旅游分享会。

授课对象:主要针对新干事、经理层。

授课嘉宾:主要为广州大学旅游学院老师。

授课地点:文俊东楼310。

课程时长:一节课约45分钟。

课程内容:企业管理、旅游产品设计、宣传推广等与旅行社经营、管理相关课程。

具体安排:

附表7 2012—2013 年度授课计划

授课时间	授课老师	课程内容
2012 年 10 月	吴水田、卢遥	旅行社概况
2012 年 10 月	何向	旅行社经营管理
2012 年 11 月	王锐	产品宣传推广
2012 年 12 月	石伟	旅游资源开发与线路设计
2013 年 3 月	张以琼	企业人力资源管理

大学城广之旅实验旅行社

2012 年 9 月 14 日

附件 8　2012 年澳门游行程

4 月 7 日！澳门出游

麻雀虽小,五脏俱全——澳门,集博彩业、购物、美食、美景于一体的具有现代气息的新型旅游胜地。所以,吃货们、购物狂们、背包客们,还等什么？一起跟着我们澳门深度游吧！

澳门一日游详细线路

集合站:大学城

早上 7:00 在大学城集合,7:15 上车。3~4 小时的车程后,我们便可以到达目的地——澳门。

第一站:凼仔岛(银河酒店、官也街、威尼斯人)

11:00 从澳门口岸搭乘免费大巴到达凼仔岛的银河酒店,沿途可欣赏澳门的景色。到达后步行到附近的官也街,开始美食搜寻大行动。在官也食街自由活动。

大约 13:00,若时间有空余可到附近的威尼斯人酒店参观游览,享受异国水都风情,并从威尼斯人搭乘免费巴士回澳门半岛。

第二站:澳门半岛(新马路、新八佰伴、大三巴、新葡京)

约 14:00 ,到达澳门半岛的新马路,这是一条可尽情购物的商业街,下车点不远处就是澳门最大的商场——新八佰伴商场。

接着向最具有代表性的景点——大三巴出发,继续疯狂购物。在大三巴购物街,大家可尽情挑选纪念品,拍照和品尝澳门地道美食。在大三巴购物街,同样采取自由活动的形式,但必须按时按点集合。

约 17:00 ,在大三巴附近的公交站搭乘公交车前往新葡京大酒店,参观有"东方拉斯维加斯"之称的葡京娱乐场。

约 18:00 ,在新葡京大酒店门口搭乘巴士返回口岸,告别澳门,返回广州大学城。

附件 9　2012 年深圳西冲游线路

"属于你我的夏天"　西冲情人岛两日一夜游

行程特色

西冲是深圳南澳半岛一个美丽的小渔村,这里有绵长的海滩、雪白的细沙、蓝蓝的天和碧色的海。山花在海风中摇曳,野菠萝丛中有螃蟹爬行,浪花在褐色的礁石上舞蹈……坐车到西冲,走到海边看着近海中的小岛赖氏洲,听海浪涛声,吹着丽日下的海风,让我们这些都市人颇为激动……

第一天

广州—深圳—南澳—西冲

08:00　从大学城广州大学南五路出发前往深圳,再去往深圳东部最迷人的海岸线——南澳西冲(车程约三个半小时)。

11:30　到达南澳西冲杨梅坑,午餐自理。

12:00　在美丽的"杨梅坑度假区"我们为大家安排了海滨自行车体验。对城市人而言,踩单车不仅是休闲的方式,也是增强意志和锻炼体能的好办法,单人或两个人踏着自行车,呼吸着新鲜空气,在柔和阳光下,穿行于山间、田野、海边,观海赏景,沿途风景尽收眼底。这里也是婚纱摄影取景的好地方……

【活动畅想】当双人自行车在美丽的沿海公路缓缓前行,海风吹动着你的黑发,发梢后可能是你初识的好友、你的至爱或是你的孩子,而眼前是蓝蓝的大海,心情是如此放松,仿佛生活中的所有烦恼都不见了,唯有写在你脸上的幸福与满足——快乐有时真的很简单。

14:00　前往美丽的西冲沙滩。

15:00　抵达"中国八大漂亮海滩之一"的西冲海滩。在这里,我们远离都市的喧嚣,投入到大自然的怀抱中,放松自我,享受生活。这里有沙滩、岛屿、礁石,海蚀岩、洞、桥、柱等发育齐全的海积海蚀地貌,呈现给你的是无敌海景! 大家结伴沿着海岸线徒步,在碧海蓝天下,一起聆听海浪的歌唱,听贝壳的故事,是怎样的一种快乐啊!

到达美丽的西冲海滩后先开始搭帐篷,享受搭建帐篷的乐趣。在西冲,随处都可以看到五颜六色的户外帐篷,游客在此露营,已经成了这里一道亮丽的风景线,更是年轻朋友们的一种体验。

15:30　海边沙滩戏水,游客自由活动。这里有深圳最大的天然海滩,在长达 5 千米的银色海滩上,南太平洋浩瀚海景尽收眼底。可在此尽情享受沙滩、阳光、海水、海风,亦可漫步在沙质幼细的沙滩上,挖沙捉蟹,偶尔弯腰拾贝……玩水后,朋友们可自行沐浴更衣。(冷水 5 元/次,热水 15 元/次)

18:00　集中进行烧烤派对(10 人一桌一炉,包含碳、碗筷、烧烤叉、酱汁;每人两只鸡翅、两根香肠、一份肉丸、两串肉串、一根玉米、一个茄子、一份韭菜、一份馒头)。大家围在一起烧烤,一边聊天、说笑,一边感受凉凉的海风,这是一件多么令人惬意的事情啊!

19:30　尚未沐浴的朋友可自行去沐浴休息。

20:30　晚会,唱歌跳舞,尽情疯狂。晚会活动有“非诚勿搞”等精彩节目。

晚会结束后,可以搬椅子在沙滩上排排坐,大家面朝大海,举杯观星,畅谈心中情,说出你心中的故事。讲完动人的故事后,你将会获得一份小礼品。之后结束我们精彩充实的一天。

第二天

南澳—西冲—广州

04:30　早起,有兴趣的朋友们可以前往海边欣赏壮丽的日出(自愿参加)。看完日出的朋友们可以回住处睡个回笼觉,摄影发烧友们也可以继续拍拍朝阳下美丽的西冲海滩。

08:00　起床,享用工作人员为大家准备的爱心早餐(包餐)。

09:30　在西冲沙滩乘坐快艇上情人岛,船行时间约 5 分钟,可体验海上风驰电掣的冲浪快感。登陆西冲标志性景点——赖氏州情人岛,观潮、踏浪、许愿、抓蟹、拾贝,感受前所未有的放松,领略深圳东部地区——西冲最纯美的海岸线。

11:00　集中乘坐快艇返回西冲沙滩。

12:00　午餐自理。

14:00　返回我们美丽的广州。

价格

160 元/人　※双人特价 300 元

包含:往返空调车、一晚帐篷住宿(可自费升级为小木屋)、景区门票、往返情人岛快艇、早晚餐(晚餐为自助烧烤)、优秀导游服务。

不含:游客个人娱乐和购物消费。

　　　　单车租借费。

　　　　个人旅游意外险。

温馨提示

1)帐篷内有防潮垫,帐篷的防水性也较好,所以小雨成行,大雨改期。

2)具体烧烤材料因实际情况可能有变动,敬请体谅;如若烧烤食物不够,可在当地购买。

3)西冲沙滩晚上 19:00 后禁止下水,请游客们遵守规则,注意安全。

4)沐浴注意事项:20:00 后停止热水供应 (冷水 5 元/次,热水 15 元/次)。

5)晚上天气可能转凉,建议游客们带上长袖外套,以防着凉。

6)如若需要升级住宿标准,小木屋 350 元一间/两人。

7)本次活动以自愿参与为原则,请游客们注意旅游期间的个人安全。

8)本次行程不包个人旅游意外险,如需要购买,5 元/人。

9)本次收费不提供发票,报名时会加盖旅行社有效公章,收客前请来电咨询,请出发前付清团款,多谢合作!

特别提醒

1）如出现交通事故,将依照《中华人民共和国道路交通安全法实施条例》《道路交通安全法》处理。

2）本行程需 20 人成团,如人数不足则全额退款或改期出发,不予赔偿! 客人出发前一天退团仅退还团费的 3%;当天退团不予退还团费。

3）请游客自行向本社购买旅游意外险,保管好随身行李;如发生财物丢失,旅行社不承担责任。

4）本行程为参考行程,最终游览顺序以当天实际安排为准。如遇旅行社不可控制因素(如塌方、塞车、天气、车辆故障等)造成行程延误或不能完成景点游览,旅行社不承担责任。

本人已经阅读行程及有关注意事项,同意并遵守旅行社安排。

负责人:　　　　　　　　　　　　　　游客签名:＿＿＿＿＿＿＿

日期:2012 年　　月　　日

附件 10   2015 年 9 月新生游广大活动

　　每年广州大学一年级新生入学教育期间,根据学校的安排,实验旅行社导游社会负责新生游广大校园活动,活动按照旅行社团队接待的流程开展。2015年 9 月 13 日下午 4:30,为了让旅游学院新生尽快熟悉学校环境,了解广州大学各个建筑的功能,以便更好地融入大学生活,加深归属感,在学院领导和学生会的组织下,大学城广之旅实验旅行社导游社及其他部门成员举办了"新生游广大"活动,2015 级 8 个班的同学参加了活动。每个队伍配有一名线路负责人,负责拍照和控场。按照活动要求,两条线路、四支队伍分别从文俊东楼和文俊西楼出发,按不同的路线游览广大。活动不但加深了新生对学校情况的了解,也为他们传授了一些大学生活经验。游览过程中,新生们表现积极,一边跟着导游的步伐,认真听着讲解;一边用好奇的目光扫过每一处景物,不时提出疑问,导游也耐心为他们解答。整个活动到下午 6 点结束。通过活动,新生尽快适应了广州大学的新环境和大学生活。

附图 3   新生游广州大学校园前的集合场景

附图 4　新生在广州大学演艺中心

附图 5　导游为新生讲解

附件11　2018年第十三届大学城广之旅实验旅行社部门改革方案

1）改革背景

近年来,传统旅游业务不景气,旅行社发展陷入瓶颈,面临改革转型。2018年是实验旅行社创办的第12年,作为模拟企业,实验旅行社在行业发展大背景以及学校政策的影响下,业务及运营各方面也面临着困难。实验旅行社第13届经营者作为改革和创新的试点,积极探求部门改革新模式,形成项目职能化制度,增强部门的独立性,工作以项目形式进行,从而实现精简发展。

2）改革思路

①部门按项目开展,加强独立性。

②整合部门职能,成立新部门。

3）当前部门职能情况

①人力资源部:负责旅行社办公室管理及后勤、员工绩效考核、员工招聘与培训、团建及会议策划等。

②产品设计部:负责旅行社产品线路设计、微信公众平台运营。

③宣传策划部:负责旅行社宣传海报设计、活动摊位设计、宣传视频拍摄等。

④市场销售部:负责旅行社产品销售、合作方对接、产品报价、微信公众平台客服等。

⑤接待部:负责旅行社地接及全陪导游服务、"广之旅杯"比赛承办、导游库管理等。

⑥悠游坊:负责旅行社会员招收及管理、会员活动策划运营、外联赞助洽谈。

⑦导游社:负责6支讲解队管理、培训及日常讲解活动安排。

4）改革后部门职能情况

总经理 1 人。

副总经理 2 人。

①项目策划部经理、副经理各 1 人，员工 5~6 人。

主要职能：负责申报校内竞赛项目（挑战杯、创新训练项目等），培养学科竞赛人才，组织参加国内各类旅游竞赛活动。

②研学产品部经理、副经理各 1 人，员工 5~6 人。

主要职能：负责开发设计和接待大学城内独具特色的研学旅游产品。

③接待与导游部经理、副经理各 1 人，员工含导游 10 人。

主要职能：负责联络及承接大学城地接业务，管理讲解队；负责员工年度活动。

④媒体运营部经理、副经理各 1 人，员工 5~6 人。

主要职能：负责实验旅行社微信公众号运营管理；对接线上旅行平台；线上投放产品及大型旅行平台代理等。

大学城广之旅实验旅行社

2018 年 5 月 24 日

附件 12　2018 年换届大会策划书

1）活动背景

2017 届的工作已接近尾声。一年来，每位员工都恪尽职守，内部人员团结一心，共同营造了"团结、温馨、高效、创新"的企业氛围。一年来，员工们的飞速成长离不开总经理与部门经理们的辛苦培养，为了答谢管理层们对旅行社的贡献，也为了传承旅行社文化，2018 届的聘书颁发及换届大会将于 2018 年 6 月 10 日在文新楼举行。

2）活动目的

旅行社的全体人员及指导老师参与大会，会上，由老师为管理层颁发聘书；候选人将在全体员工和指导老师的见证下，竞聘岗位，评委们将严格挑选下一届的领导层，选出一批新的人才，为旅行社注入新的血液，保证日后旅行社的正常管理和运转。

3）活动主题

"砥砺前行，感谢有你"

4）活动时间

2018 年 6 月 10 日

5）活动地点

文新楼 208

6）活动对象

17 届旅行社全体新干事、16 届经理层、15 届总经理层或经理

7）活动形式

参选者自我介绍，提问，答辩。

8）活动流程表

附表8　2018年换届大会活动流程表

时　　间	活动内容	人员安排	备　　注	
13:30— 14:10	提前到教室布场	人力资源部全体	摆好名牌、水、横幅、电脑、画板等	全程摄影:黄素萍 全程计时并举牌:张银琼 催场:郑重 播放PPT:金哲妍 收集评分表、意见表:郑重、郭梓炜 现场总控:郭梓炜
	调试音响、投影仪逐个播放PPT	金哲妍		
14:10— 14:20	员工签到进场	郑重 张银琼	准备好纸笔,桌子	
14:20— 14:25	主持人开场,介绍流程等	吕丽鑫		
14:25— 14:35	总经理讲话/老师讲话		老师在的话需老师讲话,不在则不需要	
14:35— 15:05	颁发总经理层、经理层聘书		老师在的话由老师颁发聘书;不在的话由前总经理颁发现总经理层聘书,现总经理层颁发现经理层聘书	
15:05— 15:45	经理竞选、总经理层演讲+经理层、老师提问		每人5~8分钟演讲+答辩	
15:45— 16:05	视情况休息,休息时间:10~20分钟	吕丽鑫	由主持人把控,若答辩环节时间比预计少,则中场休息时间可长一点,否则短一点甚至不休息	
16:05— 18:15	干事竞选、经理层演讲+管理层提问		16人,每个人3~5分钟演讲,3分钟答辩时间	

续表

时　间	活动内容	人员安排	备　注
18:15	主持人宣布结束	吕丽鑫	竞选结果将在近期内宣布 郑重、吕丽鑫回收表格
18:15—18:25	大合照	全体人员	主持人提醒

9）后期工作及安排

附表9　后期工作安排

工作内容	人员安排	完成时间
确定留任名单	总经理层和经理层	一周内
负责收集活动照片,发到旅行社大群	金哲妍	6月10日
撰写换届新闻稿、推文	张银琼	6月10日
竞选结果公布并通知	经理层	6月11日
推文排版与发布	产设	6月11日
收集活动反馈调查问卷	吕丽鑫	6月11日
统计本次活动实际经费支出	郭梓炜	6月11日

附件 13 大学城广之旅实验旅行社部分图片

附图 6 实验旅行社办公室

附图 7 实验旅行社办公区

附图 8　广之旅国际旅行社经理给学生上课

附图 9　"广之旅杯"导游技能比赛

附图 10 实验旅行社学生设计的海报

附图 11 实验旅行学生到深圳西冲踩线

附图 12　实验旅行社换届演讲

附图 13　旅行社管理创新班开班

附图 14　实验旅行社学生参加全国商务会奖策划比赛

附图 15　实验旅行社合影(2016 年)

参考文献

［1］孙国学,张丽丽.旅游产品策划与设计［M］.北京:中国铁道出版社,2017.

［2］姚延波,等.旅行社管理［M］.北京:高等教育出版社,2016.

［3］戴斌,杜江.旅行社管理［M］.北京:高等教育出版社,2016.

［4］广州广之旅国际旅行社官网.

［5］广州大学教务处.广州大学2018年人才培养方案［N］.2018.

［6］广州大学管理学院/旅游学院(中法旅游学院)官网.